국민일보 미션라이프 인기연재칼럼

종교인과 신앙인

지 은 이 | 강덕영
펴 낸 이 | 김원중

편   집 | 김민주
디 자 인 | 조민희, 구희정
제   작 | 허석기
관   리 | 차정심

초판인쇄 | 2013년 5월 10일
초판발행 | 2013년 5월 15일

출판등록 | 제313-2007-000172(2007.08.29)

펴 낸 곳 | (주)상상나무
          도서출판 상상예찬
주   소 | 서울시 마포구 상수동 324-11
전   화 | (02)325-5191
팩   스 | (02)325-5008
홈페이지 | http://smbooks.com
이 메 일 | sun701@chol.com

ISBN   978-89-93484-74-8(03230)

값 10,000원

국민일보 미션라이프 인기연재칼럼

종교인과 신앙인

상상
나무

늘 바쁜 일과 속에서 차분히 앉아 글을 쓴다는 것은 쉬운 일이 아니다. 그런데 2012년 6월부터 주말이면 칼럼 주제를 잡느라 고심을 해야 했다. 그 이유는 국민일보사의 요청을 받아 신문 인터넷판에 신앙칼럼 '종교인과 신앙인'을 연재하게 됐기 때문이다. 그런데 이 칼럼들에 대해 독자들의 호응이 컸다.

나도 놀란 이 현상은 내가 글을 잘 썼다기 보다는 그동안 터부시하고 민감하게 여겨 오던 부분들, 기독교계에서 잘 다루지 않았던 부분들을 서슴없이 쓰고 또 비판의 목소리도 거침없이 낸 탓이 아닌가 싶다. 아마 목회자가 이런 글을 썼다면 항의가 들어왔을지도 모르겠다.

나는 모태신앙으로 한 교회를 섬기며 오랫동안 신앙생활을 해왔다. 그리고 많은 크리스천과 목회자들을 만나고 나름대로 성경공부를 하면서 기독교의 본질과 참된 신앙에 대해 많은 생각을 하게 되었다.

주변에 무늬만 크리스천이고 지극히 형식적인 신앙생활을 하는 기독교인들이 적지 않다. 나는 이들이 '종교인'이지 '신앙인'은 아니라고 여긴다. 그래서 성경을 바탕으로 한 기독교 정통 복음주의 신앙이 무엇인지 또 우리 기독교인이 삶 속에서 허용하고 인정해야 할 부분과 도저히 양보해서는 안 되는 부분의 가이드라인을 정해보자는 것이 이 책의 골격이다.

한 사람의 신앙인으로 평소 느꼈던 생각과 교회의 모습을 그대로 담다 보니 다소 지나치다고 느껴지는 부분이 있을 수 있고 매우 보수적이라는 지적도 있을 것이라 생각된다. 그러나 60년 이상 신앙생활을 한 평신도가 느낀 신앙관이자 가치관이라 여기고 부담 없이 읽어 주었으면 하는 것이 필자의 바람이다.

요즘의 한국 기독교는 마음이 착잡할 정도로 복잡하다. 이어지는 교회 내부 문제에 교권싸움이 끊이지 않고 있다. 교인 수는 점점 줄고 1년에 3000여 교회가 문을 닫는다고 한다. 우리도 구라파 교회의 전철을 밟고 있다고 해도 과언이 아니다.

그래도 우리 한국교회는 희망의 끈을 놓아선 안 된다는 생각이다. 영적 갱신과 정통신앙의 복구로 무너진 담을 수축하길 원하고, 이 책이 이 운동에 작은 벽돌이라도 될 수 있다면 더 바랄 것이 없다.

책을 허락하신 하나님께 감사와 영광을 돌리며 책을 만드느라 수고한 편집진에 감사한다. 아울러 일러스트를 맡아준 조대현 화백께 고마움을 전한다.

목 차

1장
•
하나님 중심의
삶으로

종교인과 신앙인

수년 전 유럽의 종교 개혁지를 방문할 기회가 있었다. 체코를 비롯해 종교개혁의 중심지 독일, 스위스, 프랑스 교회를 방문했는데 정말 오랜 세월 동안 기독교는 유럽을 중심으로 서구문명의 주체, 그 자체였다. 가톨릭교회와 개신교회 모두 좋은 자리에 화려하고 장엄한 건물들로 자리 잡고 있는 것을 볼 수 있었다. 그러나 수천 명이 들어갈 수 있는 큰 교회인데도, 젊은이들은 아주 적고 노인들만 수십 명부터 수백 명이 출석하고 있다는 설명을 듣고 매우 의아한 생각이 들었다.

우리나라에서는 교인들이 십일조를 비롯해 열심히 헌금을 하는데 이들 국가에서는 십일조는 없어지고 종교세를 국가에 납부하면 국가에서 목사 봉급과 운영비를 준다고 한다. 그리고 큰 교회 중에서는 성도가 떠나서 매물로 내놓은 교회가 있었고, 특히 영국에서는 큰 교회가 술집과 식당으로 팔려간 것을 보았다. 참으로 가슴 아픈 일이라는 생각이 들었다. 더 큰 문제는 교회의 교인들이 떠나니 이혼 가정이 늘고, 가정이 깨어지니 어린 자녀들의 교육을 국가가 책임져야 되고, 의지할 곳 없는 젊은이들은 마약을 하는 등 여러 가지 사회적 문제가 꼬리를 물고 일어나고 있었다. 또한 우울증 환자도 증가하고 물질적인 풍요 속에 자살률이 높아지고 있다는 현지인의 설명을 듣고서 또 한 번 교회 역할의 중요성을 실감했다.

수년 전 우리 집에 한 미국 할머니가 손님으로 오셨다. 60대 후반의 나이에 촌스럽고 가난해 보이는 평범한 미국의 할머니였다. 그런데 정말 많은 곳에서 할머니를 찾는 전화가 왔다. 주로 대학 교수들이었다. 우리 집에서 며칠 묵고 갈 예정이었는데, 그 교수들이 서로 자기 집에서 묵고 가라고 계속 전화를 하는 것이었다. 이 할머니는 아주 난감한 모양이었다. 결국 인천의 모 교수가 모셔갔다.

왜 이렇게 인기가 많으냐고 물었더니 이 할머니는 우리 회사 공장이 있는 앨라배마 주립대 근처에 사는데, 슈퍼마켓에서 일해서 번 돈으로 한국 학생들만 자기 집에 하숙시키며 그들에게 성경을 가르치고 크리스천이 되도록 전도해 한국으로 보내는 일

신앙인

을 꾸준히 해왔다고 했다. 그들이 한국에서 신앙을 갖고 사는 것을 보고 싶어서 없는 돈에 한국에 들렀다고 한다. 그 유학생들이 이제는 성공해서 할머니를 자기 가정에 초청하려는 것이라고 했다. 나는 눈시울이 뜨거워졌다. 이 늙은 부인이 바로 미국을 지탱하는 힘이라는 생각이 들었고, 이분이 바로 종교인이 아닌 신앙인의 본보기라는 생각이 들었다. 신앙인과 종교인의 차이를 나는 이 할머니를 통해서 정의할 수 있었다. 아울러 '내 자신이 종교인인가, 신앙인인가?'를 조용히 반성해 보았다.

우리 주변을 돌아보면 신앙을 액세서리처럼 생각하고 진정한 하나님과의 만남보다 외부의 시선을 의식하며 형식적인 신앙을 가진 분들이 많다. 이들은 종교인이지 신앙인이 아니다.

'나는 말씀을 실천하고 하나님을 높이는 생활을 하고 있나?' 생각해 보았다. 자신이 없었다. 그러나 확실한 것은 종교인보다는 신앙인이 되고 싶다는 생각을 가지고 그 길을 향해 가고 있는 것만은 확신할 수 있었다.

"나는 하나님을 높이는 진짜 크리스천이 되고 싶다"라는 것이 진정한 나의 신앙고백이다.

평신도가 바라는 목회자상

　집안 식구들과 가정예배를 드린 후 잠시 대화를 나누게 되었다. 함께 예배에 참석한 조카가 뜸을 들이더니 자기가 좀처럼 하기 어려운 이야기지만 한마디 하겠다고 입을 열었다. 자신이 사귀는 여자 친구가 본인에게 며칠 전 들려준 이야기라고 했다.

　여자 친구의 친구가 어느 전도사와 결혼을 했는데, 그 전도사가 명품 옷도 많이 사주고 돈을 아주 펑펑 잘 쓴다고 했다. 그래서 친구들이 전도사가 무슨 돈이 있냐고 했더니 친구가 말하길 전도사와 결혼했지만 전도사 아버지인 시아버님이 알아주는 교회 담임목사라고 했다는 것이다. 나는 도저히 이해가 되지 않는 이야기였다. 주의 종인 전도사가 명품을 사고 돈을 펑펑 쓰는 것이 친구들에게 부러움을 사고, 시집 잘 갔다고 부러움을 사는 것이 더더욱 이해가 안 되었다.

그런데 더 가관인 것은 시아버지 목사님께서 목사안수 받으면 빨리 담임 목사 자리를 물려주겠다고 약속까지 했다고 한다. 나는 그게 사실이냐고 다그쳐 물어봤다. 여자 친구가 직접 만나서 들은 것인데 뭐 친구끼리 거짓말하겠느냐는 말에 나는 잠시 멍해졌다.

갑자기 평신도로서 분노의 감정이 솟아나는 것을 어쩔 수 없었다. 어찌 그런 목사님이 계실까 하는 생각에 스스로의 감정을 다스리기 힘들었다. 당시 나는 한 신학대학의 관선 이사장으로 있었기에 당장 총장에게 전화를 걸었다. "총장님, 우리 신학교는 결코 이런 목회자를 배출하지 않지요?"라고 물었다. 총장님도 "참, 어처구니없네요. 안 그러도록 잘 교육해야죠, 이사장님"이라고 말했지만 그러나 아주 놀라는 기색은 아니었다.

나는 교인들과 하나님에게 부끄러운 생각이 들었다. 한 가정의 운명은 기독교인들에게 달렸고, 기독교인의 운명은 교회와 목사님에게 있고, 목사님의 문제는 신학교 교육 문제라는 생각을 평소에 해왔던 나였다. 그래서 교육은 참으로 중요하고 중요하다.

안타까움에 있다가 그나마 마음의 위안을 주는 일이 생각나 좀 안정을 찾을 수 있었다. 내가 아는 이 분은 캐나다 국적의 선교사다. 서울에 살 때 큰 일식집을 경영했다. 큰돈을 벌고 캐나다로 이민 가서 영주권을 받고 큰 음식점을 하다가 어느 날 성령님을 뜨겁게 만나 평신도 선교사로서의 사명을 받게 되었다. 그는 하나님으로부터 방언과 치유의 은사를 받았고 무조건 떠나라는 말씀을 받았다고 한다. 이것을 거부하려고 무척 노력했는데 하면 할수록 하던 사업도 안 되어서 문을 닫고 계속 기도만 시키셔서 나중에는 월세 집과 연금 몇 푼만 남기고 재산이 다 없어졌다고 한다.

결국 맨 몸으로 캄보디아 라오스로 선교를 떠났고, 몽고에서 자신의 기도로 일어난 치유은사는 본인 스스로도 놀랐다고 한다. 귀신이 나가는 장면과 불치병이 순식간에 완치되는 경험은 정말 성령의 은사를 맛보는 순간이었다고 했다. 나이가 든 몸을 이끌고 두 부부가 이곳저곳 하나님의 명령을 따라 떠도는 것을 보면서 그리고 돈도 없이 어떻게 선교를 하시는지, 정말 성령의 은사가 아니면 이해할 수 없는 부분이었다.

또 한 분이 생각난다. 내가 작년에 우리 회사 공장이 있는 베트남에서 어느 부부가 대기업에 근무하다 현지에 남아 자비량 선교를 하고 있는 것을 보았다. 모든 자신의 일상을 주님께 의지하고 선교하는 모습이 정말 아름다웠다. 이런 좋은 추억을 생각

하면서 이 참기 어려운 이야기를 소화해 낼 수 있었다.

어떤 분은 낙도에서, 오지에서, 주님을 위해 헌신하는 그 믿음이 우리에게 희망과 소망을 주는가 하면 실망을 시키는 분도 있다는 것을 다시 한 번 생각해 봤다. 기업하는 사람도 마찬가지다. 어떤 기업가는 큰 기업을 하면서 온 정력과 시간을 회사를 위해 사용하고 본인은 정말 검소하게 사는 분도 있지만 어떤 분은 조그만 기업을 하면서 사치와 망종을 일삼는 기업가도 주변에서 많이 발견한다. 나 자신도 어떤지 조용히 반성하는 기회도 가져 보았다.

세상일로 근심하는 것은 사망에 이르는 길이요, 하나님의 일을 진심으로 근심하면 죄의 문제와 영적 문제 해결을 위해 회개하게 되고 이로 인해 구원에 이른다는 생각을 하면서도 실천하지 못하는 나 자신도 마찬가지로 회개해야 될 대상이라는 생각이 들었다.

"하나님, 우리의 행동이 주님의 하시는 일에 방해되지 않게 하옵소서." 하는 기도가 저절로 나왔다. 그리고 하나님의 나에 대한 부르심을 겸손하게 기다리는 마음이 생겼다.

"주의 나라와 그의 의를 먼저 구하게 하옵소서."

진정한 성공 교과서 성경

나는 기업인이지만 시간이 날 때마다 성경 읽는 재미에 푹 빠져 지내고 있다. 성경 속에서 유태인과 이야기 할 자료를 찾을 수 있고, 이슬람교를 이해할 수 있는 정보들도 발견할 수 있다.

성경을 이해하지 못하면 유럽인들을 비롯해 미국인, 유태인, 회교도들까지 그들의 생활방식이나 사고방식을 이해하기가 힘들다는 것이 내 생각이다. 세계인들이 종교, 문화, 풍습 등과 관련해 생각하는 방식을 이해해야 유능한 세일즈맨이 될 수 있다고 본다. 때문에 성경이 나의 영업에 큰 도움이 된 것이 사실이다. 이런 의미에서 나는 세계가 바로 성경과 통한다고 생각한다.

미국의 실업가 존 워너메이커는 "나는 일생 동안 투자를 많이 했는데, 그것을 통해 수천 달러를 벌어들였다. 그 중에 가장 성공한 투자는 열두 살 때 단 2달러 50센트로 성경 한 권을 산 것이었다. 이것이 내 인생의 가장 위대한 투자였다. 왜냐면 그 성경이 오늘날 나를 만들었기 때문"이라고 참으로 의미심장하고 중요한 말을 남겼다.

즉 존 워너메이커가 성공한 사람이 될 수 있었던 이유는 그가 가난한 소년이었을 때 하나님과 성경말씀을 사랑했던 것에 있다. 그는 성경을 사랑했으며 그것을 읽고 성경의 가르침대로 행동했다. 사실 사업을 한다는 것은 항상 긴장의 연속이다.

매일 계속되는 생존경쟁은 극도의 긴장감으로 우리를 몰아넣는다. 어느 날 아침에는 용기백배해서 사업을 구상하고 비전을 펼치다가도 그날 저녁에는 다시 좌절감으로 절망에 빠질 만큼 변화가 무쌍하다. 그렇기 때문에 경영자라는 위치는 그 누구보다 외롭고 고독하다.

나는 매주 목요일 회의를 주관하러 경부고속도로를 달려 공장에 내려간다. 주위 경치도 좋고, 한적한 고속도로를 달릴 때는 정말 머리가 상쾌해지는 기분을 만끽하곤 한다. 그러던 어느 날 회사의 골치 아픈 문제로 고민하면서 고속도로 위를 달리고 있는데, 갑자기 빌딩 간판에 붙어있는 표어가 눈에 들어왔다. "기도할 수 있는데 무엇을 걱정하십니까!"라는 표어였다.

그 내용이 어찌나 감동적으로 마음에 와 닿던지, 눈물이라도

흘릴 만큼 벅찬 감격을 느꼈다. 그렇게 수십 차례 그 길을 오고 갔는데, 왜 유독 그때 그 표어가 눈에 들어왔는지 참으로 모를 일이다. 힘든 일 없고, 잘나갈 때는 아무런 감흥 없이 눈에도 들어오지 않던 표어가 내 처지가 어렵고 힘들게 되니까 나에게 큰 용기와 위로를 주는 말로 다가왔다. 그래서 많은 사람들이 종교에 관심을 갖고, 신에게 의지하려고 하는 것 같다.

내가 계속되는 긴장 속에서 여유를 찾고, 극도로 외로운 고독감에서 위로를 받을 수 있었던 건 바로 성경 말씀이 있었기 때문이다.

뉴턴은 우리 인간의 유형을 세 가지로 분류했다.

첫째는 인생을 기피하는 사람이다. 남이야 죽든지 말든지 자신의 기분과 자신의 욕심만 생각하는 자기중심적인 기회주의자다.

둘째는 달려가는 말에 올라타서 목에 매달려 있는 사람이다. 이런 사람은 말에서 떨어지는 것이 두려워 말의 목을 꼭 붙들고 있기 때문에 다른 데에는 전혀 신경을 쓰지 못한다. 자신의 의지대로 움직이는 것이 아니라 말이 달려가는 데로 끌려 다니는 종속적인 사람이다.

셋째는 창조주 하나님께 자신의 전부를 의탁하고 하나님께서 지시하는 대로 충성하는 사람이다.

나는 인간의 새로운 역사는 모두 세 번째 사람에 의해 이룩된다고 믿는다. 왜냐면 하나님께서 이런 사람들과 함께 하시기 때문이다.

나는 이 중에서 세 번째 유형의 사람이 되고 싶다. 이를 위해 나름대로 열심히 살아왔고, 앞으로도 그렇게 살 것이다. 이것을 지켜갈 수 있기를 간절히 기도한다.

한 여인의 기도가 맺은 열매

　나는 어머니를 일찍 여의었다. 아마 초등학교 3학년 때쯤으로 기억된다. 우리 어머니는 정말 당시 말로 지독한 예수쟁이셨다. 매일 기도와 성경책 보는 일 외에는 하는 일이 거의 없으셨다.

　왜냐하면 그 당시 많은 사람들이 앓던 폐병이라는 몹쓸 병에 걸리셨기 때문이었다. 집안의 경제사정은 넉넉했지만 절대로 약에 의존하지 않으시고 기도로만 치료하시겠다고 고집하셨고, 그런 어머니의 고집을 아무도 말리지 못했다.

　철저한 불교신자인 외할머니는 딸이 측은하여 좋다는 약은 모두 가져다가 딸에게 주었으나 그 약들은 모두 쓰레기통으로 들어갔다. 나는 어렸을 때 이런 어머니를 정말 이해할 수가 없었고 제발 약을 드시고 원기를 회복하시면 얼마나 좋을까 하고 생각했다. 그러나 어머니에게는 기도와 찬송이 전부였다. 그리고 기도 내용은 "불교 집안인 친정집 식구와 남편이 예수님을 믿게 해 달라."는 기도뿐이었다. 어린 마음에 참으로 황당한 생각이 들었다. 그리고 건강이 많이 좋아지면 가끔씩 나를 데리고 기도원으로 가서 기도하셨다.

부친은 몇 십 년 동안 그런 어머니를 군말 한마디 없이 뒷바라지하며 사셨다. 참으로 대단한 분이셨다. 가끔은 화도 내셨지만 그래도 그런 부인을 사랑하고 잘 대해 주셨다. 지금 생각해 봐도 나는 도저히 그런 너그러움을 따라갈 수 없을 것 같다.

어머니는 건강이 좀 좋아지시면 봄, 가을에 수십 명의 교인들을 집으로 초청하여 가정부흥회를 열었고, 모든 경비는 아버지가 아무 불평 없이 후원해 주셨다.

그리고 아버지는 가끔 어머니께 금반지, 목걸이 등 패물을 선물하셨는데 몇 달이 지나면 패물은 하나 둘 없어졌다. 부흥집회가 끝나면 금반지는 헌금이 되고 패물은 숭인동 판자촌의 쌀로 변해 있었다. 그리고 다시 아버지가 패물을 해주시면 그것은 어느 새 연탄이 되어 버리는 것이다.

어머니는 결국 병마와 십여 년 동안의 싸움 끝에 돌아가셨다. 나는 그때 그것으로 끝이라고 생각했다. 그러나 어머니의 죽음은 그걸로 끝이 아니었다. 그 때 그렇게 염원했던 어머니의 기도

가 이루어진 것이다. 완고했던 외갓집 전 식구가 하나 둘 기독교로 개종했고, 지금은 외갓집 자손 어느 누구도 신자가 아닌 사람이 없다. 그리고 우리 집안도 모두 기독교인이 되었다. 그리고 새어머니의 친정집 형제들도 모두 기독교인들이다.

무의미하게 보이던 한 여인의 기도는 그 당시 쓸모없어 보였지만 세월이 지나면서 그 위대한 기도의 힘을 알게 되었다. 물질의 축복과 함께 건강과 하나님의 축복이 몇 대까지 간다고 하는 것을 증명해 보여주었다.

한 알의 밀알이 땅에 떨어져 썩어서 몇 백 배, 몇 천 배의 열매를 맺는다는 것을 나는 나의 가족사를 통해 이야기하고 싶다.

하나님은 살아 계시고 간구하는 자에게 자손만대까지 축복하여 주시는 것을 나는 지금도 확신하고 있다.

찬송가, 복음성가, CCM의 차이

수년 전 저녁 예배시간, 주일학교 어린이들이 음악에 맞춰 율동을 하기 시작했다. 모두 즐거운 마음으로 어린이들의 재롱을 진지하게 관람하는데, 한 집사님이 큰 소리로 "아니, 저건 록(Rock) 음악이잖아? 그건 안 돼! 너무 시끄럽고 은혜가 될 수 없잖아!"라며 항의를 했다. 예기치 않은 일이라 참석했던 성도들이 모두 당황했다.

율동에 쓰인 음악이 록리듬에 맞춘 CCM이라 매우 시끄럽게 느껴진 모양이다. 나는 이 당시에 이게 그렇게까지 항의할 일인지 납득이 되지 않았다. 그래서 아들과 함께 인터넷과 음악 서적을 다 뒤져 가며 그 집사님이 왜 그렇게 항의를 했는지 그 원인을 찾아보았다.

뭐든지 궁금한 것은 반드시 해결해야 하는 나의 탐구정신

덕분에 찬송가(Hymn)와 복음성가(Gospel song), CCM (Contemporary Christian Music)에 대해 정리해 보는 기회를 가질 수 있었다.

여러분들에게도 도움이 될 것 같아 내가 알아낸 내용을 소개한다. 일반적으로 찬송가는 예배용으로 사용되며, 하나님께 드리는 노래라고 정의하고 있다. 그래서 찬송가는 '부른다' 고 이야기하지 않고 하나님께 '드린다' 는 표현을 주로 쓴다. 대부분의 찬송가는 클래식 계통의 곡을 사용하고 있다.

복음성가는 미국 흑인들의 종교적 민요인 흑인영가가 주종을 이루며, 당시에 유행되던 블루스풍의 서정적인 백인 대중음악의 곡도 사용되었다. 복음성가는 성도간의 친교와 선교를 목적으로 사용되며, 복음성가 중에는 찬송가에 편입된 곡도 많다.

CCM은 주로 록과 팝, 힙합, 메탈 등의 곡을 사용한 것이다. 베트남 전쟁으로 인해 피폐해진 청년들이 마약을 하면서 듣던 음악을 갈보리 교회의 척 스미스 목사가 성경적인 가사로 바꿔 전도에 이용했다는 기록이 있다. 즉 원래의 가사는 세속적인 것이었으나, 젊은이들에게 익숙한 곡이었기 때문에 이를 개사하여 요즘은 성도간의 교제나 선교를 위해 사용되고 있다.

록과 메탈에는 성서를 비하하고 사탄을 숭배하는 내용이 많다. 이들 음악은 내용이나 곡이 강렬하여 깊은 인상을 주기 때문에 록과 메탈에 열광하는 젊은이들이 많다. 이 음악은 아드레날린을 생성해서 사람들을 흥분시키는 힘이 있고, 계속 들으면 정신적으로 유해하다는 의학계의 보고가 있다. 또한 식물이나 동물에게 들려주면 소는 젖을 적게 생산하고 식물은 시든다는 연구결과도 있다.

반면에 클래식 음악은 이러한 음악에 손상을 입은 정서를 치유해주는 힘이 있다고 밝혀져, 정신과 영역에서 음악 치료에 사용되고 있다. 록은 비틀즈가 히트시켰는데, 비틀즈는 영감을 얻기 위해 수시로 인도를 방문하여 힌두교 사상 속에서 명상의 시간을 보냈다는 기록이 있다.

많은 신학자들이 힌두교의 수많은 신들이 하나님과 대적하는 영들이라고 정의하고 있는 것을 보면, 항의한 집사님이 록으로 된 CCM에 그토록 강한 거부감을 나타냈던 것도 이해가 간다.

구약 성경에는 "소고와 나팔과 새 노래로 하나님을 찬양하라."는, 구체적인 악기 이름을 언급한 구절이 나온다. 이러한 음악은 승전가나 행진곡 등의 야외 음악에서 사용되었고, 솔로몬이 성전을 완공하고 성전 안에서 찬양을 드릴 때는 현악기를 비롯한 조용한 악기와 찬양대로 한정지었다.

근래에 베네딕트 교황이 미사를 드릴 때 기타 연주를 금지시켰고, 교회 건축을 위한 자선 크리스마스 팝 연주회도 취소시켰다는 외신 보도도 모두 이러한 맥락에서 이해하면 될 것 같다.

CCM은 교회 밖의 청년들을 하나님께 인도하기까지 큰 역할을 했고, 성도간의 교제에도 도움이 되기는 하지만 하나님께 올려 드리는 찬송으로는 적합하지 않은 음악인 것 같다. 교회에서는 이 음악을 본 예배에 사용하기보다는 예배의 성격이나 집회의 내용에 따라 취사선택하며 슬기롭게 사용하는 것이 바람직할 것으로 보인다. 야외집회나 청년들을 위한 전도에 일부 사용될 수 있어도 예배시간에 하나님께 드려지는 음악으로는 사용을 자제해야 한다는 생각이다.

CCM을 잘 사용하면 약이 되고 잘못 쓰면 독이 된다는 것이, 이번 집사님 사건이 나에게 주는 큰 교훈이었다. 우리 신앙인은 언제 어디서든 바른 분별력을 갖도록 지혜를 달라고 기도해야 할 것이다.

신앙의 충돌

"너희 안에 이 마음을 품으라 곧 그리스도 예수의 마음이니 그는 근본 하나님의 본체시나 하나님과 동등됨을 취할 것으로 여기지 아니하시고 오히려 자기를 비워 종의 형체를 가지사 사람들과 같이 되셨고 사람의 모양으로 나타나사 자기를 낮추시고 죽기까지 복종하셨으니 곧 십자가에 죽으심이라 이러므로 하나님이 그를 지극히 높여 모든 이름 위에 뛰어난 이름을 주사 하늘에 있는 자들과 땅에 있는 자들과 땅 아래에 있는 자들로 모든 무릎을 예수의 이름에 꿇게 하시고 모든 입으로 예수 그리스도를 주라 시인하여 하나님 아버지께 영광을 돌리게 하셨느니라."(빌립보서 2장 5절~11절)

나는 모태신앙인으로서 창신동에 있었던 창신교회에서 유아세례를 받았고, 65년 동안 창신교회를 4대에 걸쳐 출석하고 있다. 내가 어렸을 때 우리 집은 학생복을 만드는 의류공장을 운영하고 있었다. 하루는 직원들에게 식사를 주기 위해 커다란 솥에 호박찌개를 끓이고 있었는데, 내가 그 솥에 빠져 온 몸에 화상을 입은 적이 있다.

당시 6.25 직후라 제대로 된 약도 쓸 수 없고 의사도 부를 수 없었다. 그저 옥잠화 잎에다 된장을 바르는 치료만 받았다. 그리고 여기에 어머니의 간절한 기도가 더해졌다. 그런데 나의 화상은 놀랍게 완치된 경험을 갖고 있다. 흉터도 남지 않았다. 이것은 내가 직접 경험한 생생한 체험신앙의 증거이다.

돌이키면 이것이 내게는 평생 동안 하나님을 떠나지 않는 믿음의 확인이 되어 지금까지 살고 있다. 보수적인 신앙생활을 해 온 나는, 중고등학교 시절 등하교할 때마다 교회 지하실에서 기도하는 습관이 있었다.

대학 시절에는 YMCA의 모임 활동을 활발히 했다. 그 때 나는 처음으로 자유신학을 만나게 됐다. 당시 연세대학교의 S교수가 강의 시간에 이런 얘기를 했다. "천국이 있는지 여부는 잘 모르겠다. 성경에는 유대인의 신화나 설화도 많이 포함되어 있다고 생각한다. 기적과 이적 등도 확실히 설명할 수 없다." 지금 생각하면 분명히 자유신학의 개념이었다.

그 때 나는 첫 번째로 '신앙의 충격'을 받았다. 그 때의 신앙은 성경이 하나님의 말씀이고 성경의 일점일획도 변할 수 없다는 신학을 유지했기 때문에 내게는 너무나 큰 충격이었다.

그래서 나는 교수님께 이 부분에 대해 강하게 어필하며 항의성 질문을 했고 "교수님만 하셔야지 목사님 칭호는 쓰지 않으셔야겠다"라고 말하기도 했다. 이것은 내가 자유주의 신학과 만난 최초의 갈등으로 기억 속에 남아 있다.

ROTC 출신인 나는 군대에서 전방 철책선 소대장을 맡아 생사의 고비를 많이 넘겼다. 자칫하면 총기사고 때문에 목숨을 잃을 수 있는 상황 속에서 죽음에 대해 많은 것을 생각할 수 있었다. 이 때 나의 신앙관이 더욱 확실해졌다.

제대 후 제약회사 말단 영업사원으로 취직해 어려움을 많이 겪었다. 남보다 열심히 뛰고 성실하게 일하면서 그래도 신앙을 잘 유지할 수 있었던 것은 신기한 일이었다. 다가온 기회를 잡아 제약 도매상, 수입상을 거쳐 제약회사를 잇달아 만들었다. 지금은 한국유나이티드제약이 미국 경제전문지 포브스로부터 아시아태평양 지역 200대 유망기업으로 2년 연속 선정됐다. 이것은 참 기적적인 일로 주위에서 모두 평하고 있다. 신약도 개발해 막대한 수익을 올려 주고 있다.

현재는 우리 회사가 세계 40여 개국에 수출하며 미국, 한국,

베트남, 이집트에 공장을 운영하는 큰 기업이 되었다. 이 모든 것이 어머니의 기도와 나눔, 섬김의 공로로 하나님께서 부어 주신 복이라 여기며 감사하고 있다.

치열한 경쟁 속에서 기업의 생존율이 점점 떨어지고 있는데 우리 회사는 1987년 설립된 이후 지금까지 단 한 번도 마이너스 성장 없이 지속적으로 발전해 왔다. 감사한 일이 아닐 수 없다. 그래서 그 감사의 일환으로 유나이티드문화재단을 설립해 지금까지 운영해 오고 있다. 그리고 2012년 문화재단 산하로 갈렙바이블아카데미를 설립했다. 여기에 대한 소개는 국민일보에 기사가 나간 것이 있어 그대로 소개해 본다.

❖ 국민일보 기사

수준 높은 복음주의 신학을 교육해 올바른 신앙관과 신학적 지식을 갖춘 크리스천 리더를 양성한다는 취지의 '갈렙바이블아카데미'(CBA · 이사장 강덕영 장로)가 창립돼 오는 4월 5일 첫 강의를 실시한다. CBA(Caleb Bible Academy)는 한국교회가 많은 어려움을 겪고 있는 원인이 바른 신앙과 신학이 자리 잡지 못한 것에 있다고 판단, 개혁주의적 복음신학을 토대로 성경적 세계관을 정립시키기 위해 태동됐다. 이를 통해 신앙의 정체성을 회복하고 각자의 소명에 맞게 사회에 기여하는 크리스천 지도자가 되자는 것이 CBA의 설립 목적이다. 2년 4학기제로 운영할 CBA는 국내 분야별 최고 교수진을 초빙한 것이 특징이다. 총신대 김인환 전 총장과 김광열·박용규·이한수 교수, 개신대학원대 나용화 총장과 손석태 전 총장, 대한신학대학원대 정효제 전 총장과 노영근·오광만 교수, 박형용 서울성경신학대학원대 총장, 성주진 합동신학대학원대 총장이 신학 과목들을 가르친다. 이밖에 오덕교 합동신학대학원대 총장, 조영엽 전 계약신학대학원대 교수 등이 강사로 초청됐다. CBA는 서울 역삼동 유나이티드문화재단에 사무실과 강의실을 마련하고 김진호·김해철·박정근·박춘화·안영로·오관석·이강호·장차남·최건호 목사 등을 고문으로 위촉했다. 강덕영(한국유나이티드제약 대표) 이사장은 "물질적으론 풍요롭지만 내적인 삶이 점점 피폐해져 하나님 말씀 중심의 개혁신앙이 어느 때보다 절실하다"며 "CBA는 복음주의 신학으로 잘 무장된 국내외 석학들을 강사로 모셔서 크리스천의 삶을 보다 풍요롭게 해드리고자 한다."고 밝혔다. 2012년 전반기 강좌는 4월5일 개강 후 7월19일까지 16주간 동안 이어지며 강의는 매주 목요일 한 차례 오후 7시, 서울 역삼동 갈렙바이블아카데미에서 열린다. 입학에 따른 자세한 안내는 홈페이지(cbaits.kr · 02-533-1404)를 확인하면 된다.

갈렙아카데미는 하나님께서 내게 주신 사명이라 생각하고 앞으로도 열심히 운영해 나갈 것이다. 요즘도 매주 목요일마다 열심히 공부를 하고 있다. 평소 나는 성경을 읽으며 의심이 생기는 부분이 많았다. 그것을 그냥 넘기지 않고 파고들다보니 성경공부가 필요했고 매주일 오후 구약에 정통한 목사님을 만나 서너 시간씩 공부를 했다. 그리고 해외 출장을 갈 때마다 이스라엘, 이집트, 레바논, 요르단 등 각 국을 다니며 성경의 내용을 현장에서 확인하는 작업을 시작했고 많은 것을 배우고 느낄 수 있었다.

그 결과 성경은 사실이고 하나님의 말씀이라는 확신을 분명히 얻을 수 있었다. 지금도 성령 하나님이 함께 하시는 것을 확신하는 생활을 하고 있다. 하나님께 감사드리지 않을 수 없다.

나의 성경관을 잠간 나누고자 한다. 만약 이 이야기를 목사님이 한다면 매우 조심스러울 수 있지만 나는 평신도이기에 스스럼이 없다. 여러분도 내가 하는 이야기에 다양한 반응이 나올 수 있지만 그냥 한번 들어주길 바란다.

원시종교가 갈대아 우르 지방에서 번성했다. 당시 모든 사람들이 각종 잡신을 섬겼을 때, 하나님이 아브라함을 택하시어 유대교가 탄생했다. 이슬람과 기독교는 유일신교로 같은 뿌리에서 다르게 갈라진 것을 여러분은 다 잘 알 것이다. 이 때 잡신들은

인도로 건너가 힌두교가 되었고 힌두교에서 불교가 탄생했다고
나는 생각한다.

여기서 오늘 칼럼 주제로 삼은 '신앙의 충돌'이 나온다. 우리
는 이 신앙의 충돌이 긍정적으로 보면 아주 필요하고 특히 신학
을 공부하는 학생들에겐 꼭 필요한 내용이라고 생각한다. 그 이
유는 관점에 대한 충돌이 있어야 그것을 해결하고 답을 얻기 위
해 연구하고 성경을 읽고 기도도 하기 때문이다. 나 역시 성경에
대한 숱한 의문들을 끊임없이 성경을 읽고 배우고 현장을 찾아
가는 과정에서 정답을 얻어낼 수 있었다.

이제부터 내가 느끼는 신앙의 충돌을 여러분에게 제시하고자
한다.

1. 일차적인 충돌은 하나님을 섬기는 유일신교와 잡신을 섬기
는 다신교의 신앙 충돌이다. 불교의 미륵사는 바로 '용'이 신앙
의 주체가 되는 절이다. 앞에는 연못이 있고 높이가 높다.

2. 이차적 신앙의 충돌은 유일신교인 유대교, 기독교, 이슬람
간의 충돌이다. 그 핵심은 예수님을 메시아로 인정하는 기독교
와 인정치 않는 이슬람, 유대교의 신앙관 차이다. 이 충돌 또한
오랜 전쟁으로 아직도 계속되고 있다.

3. 세 번째 충돌은 기독교 내의 충돌이다. 이 문제는 포스트모

더니즘의 기초 위에 인본주의 신학인 종교다원주의가 등장함으로써 불거지게 됐다. 그리스도 이외에도 구원이 있다는 생각이 바로 그것이다. 이러한 인본주의적 신앙의 등장으로 자유신학이 유럽의 기독교를 쇠퇴시켰고, 그 여파가 미국을 거쳐 한국의 신학에도 크게 영향을 미쳤다. 목회 현장에도 심각하게 영향을 미쳐 신본주의, 복음주의의 훈련을 받은 예전 세대와 젊은 세대 간의 신앙 충돌이 심각하다.

① 보수 세대는 하나님을 경외하라고 하고, 경건한 예배를 그리워하며, 시끄러운 CCM 대신 경건한 찬송가를 원하고 있다. ② 신학적으로도 성경의 이적과 성령의 존재하심을 믿고 따르고 싶은데, 자유신학은 이를 무시한다고 생각하고 있으며 ③ 그리스도 이외에도 구원이 있다는 자유신학에 대해 극히 부정적이다. ④ 또한 이벤트 중심의 열린 예배보다는 경건한 예배를 원하나, 이런 교회를 찾지 못해 천주교로 떠나는 교인들도 많다. ⑤ 또한 신천지, 통일교 등 이단에 대한 교회의 성경교육 및 교리교육을 원하고 있으나, 교회는 대형 교회로의 전도와 선교만 강조하고 있는 것에 실망하고, 교인들은 특히 교회의 재정 투명성을 원하고 있으나 아직 전반적인 교회가 이를 충족시키지 못하고 있다. 이런 문제로 인해 목회자와 신도 간의 신앙의 충돌이 각 교

갈렙   바이블아카데미

BIBLE

회마다 나오고 있다. ⑥ 예수그리스도 외에는 하나님께 나아갈 수 없다는 신본주의적 복음주의가 이 땅에 뿌리내릴 수 있도록 기도하고 있다.

이제 앞에서 소개한 빌립보서 2장 5절부터 11절까지의 말씀을 다시 한 번 읽어보길 바란다. 신앙생활에 진정 무엇이 가장 중요한가를 이해할 수 있을 것이다.

이 신앙의 충돌은 크리스천이라면 계속 느끼고 또 해결을 찾아야 할 사명이 있다고 본다.

(아세아연합신학대학 특강 요약)

신학 속에 하나님이 없다면

나는 오래 전 의약품을 팔기 위해 인도에 출장을 가서 현지 거래선과 상담하면서 인도의 종교를 접하게 되었다. 인도의 모든 음식에는 절에서 나는 향냄새가 배어있었다. 그리고 거리엔 소떼가 주인도 없이 돌아다닌다. 자동차가 아무리 빵빵거려도 소는 움직일 줄을 모른다. 거리에는 먹지 못해 누워 있는 거지들이 즐비하지만 소가 신이라 경배의 대상이 되어 잡아먹지 못한다.

더욱 재미있는 것은 같은 소라도 암소이어야 신이지 수소는 신이 아니라 짐도 나르고 일도 시킨다. 그리스 신화에서 제우스신의 아내인 헤라가 소로 변해서 여신으로 추앙받는다고 하는데 이러한 인도의 소 숭배사상과 어떤 연결고리를 가지고 있는지도 모르겠다.

또한 이집트에서도 황소는 세트신으로 추앙받고 있다. 이 땅의 모든 동식물들은 "다스리고 정복하라!"는 명령과 함께 하나님께서 우리에게 기업으로 주신 것들이다. 그런데 우리는 도리어 그것들을 신의 반열에 올려놓고 받들어 모시는 말도 안 되는 행위를 하고 있다.

크리스천이라면 레위지파처럼 분연히 일어나 하나님의 명령을 실천해야 한다. 모세가 시내산에서 십계명을 가지고 내려올 때 유대민족이 금으로 송아지를 만들어 신이라고 숭배하다가 모세의 노여움을 샀다. 이때 참석한 사람들 모두를 레위 지파가 칼로 죽인 사건이 있다. 그래서 레위 지파는 제사장 지파로 인정받은 것으로 학자들은 추정하고 있다.

천사의 삼분의 일을 이끌고 하나님을 배신한 루시퍼는 인본주의의 시조이다. 스스로 하나님과 견주고 하나님만큼 높아지려는 생각이 바벨탑 사건으로 이어졌다. 이 생각이 현대 철학에서의 실존주의 철학과 자유신학으로 파급되어 지금 하나님 없는 신학이 넘쳐나고 있는 것이다.

나는 이러한 고백이 없는 신학은 무의미하다고 생각한다. 밤에 보이는 야경의 절반이 십자가일 정도로 교회들이 많은 우리나라지만 신앙의 질은 어디에 있는지 자문해 보아야 한다.

지금 우리 아이들에게 예수님은 먼 나라 사람일 뿐이다. 교회

는 이성과 과학이 지배하는 인간들의 생각만으로 가득하고 정작 교회의 주인인 예수님은 교회 문 밖에 계신다. 지금은 뜨겁지도 않고 차지도 않은 세대인 것 같다. 요한계시록 3장 16절에 보면 "네가 이같이 미지근하여 더웁지도 아니하고 차지도 아니하니 내 입에서 너를 토하여 내치리라."고 미지근한 신앙을 질타하신다.

우리의 입맛에 맞춘 신앙이 아닌 확실한 신앙을 우리 아이들에게 심어주어야 할 때다.

나는 '예수님이라면 어떻게 판단하실까' 라는 생각을 가지고 언제나 예수님이 생활의 중심인 삶을 살고 싶다. "주는 그리스도시요 살아계신 하나님의 아들이시니이다."라는 베드로의 고백이 교회의 반석이 되어야 한다.

베드로의 고백을 삶 속에서 잊지 않고 적용하며 살아가는 우리가 되어야 하겠다.

성경은 설화나 역사서가 아니다

어렸을 때 재미있게 듣던 하나님의 창조 이야기, 노아의 방주, 사자 굴의 다니엘, 다윗과 골리앗의 이야기……. '이것이 사실이냐, 아니면 설화나 사람이 쓴 작품이냐'를 깊이 생각해 보고 고민을 해본 적이 많다. 그래서 신학서적도 읽고 성경공부도 해서 성경에 대한 나름대로의 확신도 가지게 되었다.

'성경을 하나님의 말씀 자체로 믿을 것이냐, 아니면 사람의 창작물로 믿을 것이냐'는 모든 사람의 믿음의 문제라고 생각한다.

사도 바울은 성경을 다음과 같이 정의하고 있다. "모든 성경은 하나님의 감동으로 된 것으로 교훈과 책망과 바르게 함과 의로 교육하기에 유익하니 이는 하나님의 사람으로 온전케 하며 모든 선한 일을 행하기에 온전케 하려 함이니라."

분명히 성경에서는 하나님께서 사람을 감동시켜 쓰게 하셨다고 말씀하고 있다. 얼마 전 유명한 목사님이 세미나에서 설교하는 것을 들었는데 신약의 고린도전서, 로마서 등의 예를 들면서 말씀하기를 "이 성경들은 바울의 편지에 불과하다."고 역설하면서 "이 편지를 하나님의 말씀으로 바꿔서 성도들에게 전하는 것이 목사님의 설교"라고 이야기하는 것을 듣고 깜짝 놀란 적이 있었다. 성경이 바로 하나님의 말씀이고 목사는 하나님의 말씀을 전하는 사람이라고 생각하고 있던 나에게는 너무도 충격적인 일이었다.

목사님의 설교가 성경보다 더 위에 있다면 참으로 위험한 생각이 아닐 수 없다. 그래서 그 많은 교파가 생기고 이단이 생긴 것이 아닌가 생각된다. 성경을 역사에 끼워 맞춰 이해하려고 하나보니 섣부른 해석을 내리게 되는 것이다.

"성경은 진정한 구원에 이르는 지혜가 있게 한다."는 성경말씀이 생각난다. 나는 성경을 내용 그대로 받아들이고 이해하려고 하며, 안 되면 더욱 배우려고 노력한다. 나는 성경을 이해하려고 성지를 다니다 보니 이제는 성경 고고학에 재미를 붙여서 점점 빠져들고 있다.

성경에서 이해가 안 되던 구절을 몇 개월씩 묵상하다가 깨달음이 올 때의 기쁨은 정말 뭐라고 말할 수 없을 정도다. 어제 읽

은 구절인데도 매번 새 감동으로 다가오는 경험은 놀라울 따름이다.

만약 성경이 역사서나 설화라고 생각한다면 도저히 납득하기 어렵다. 그래서 성경은 성령이 가르쳐 주시고 해석해 주신다는 말씀의 뜻을 더욱 이해하겠다. 이젠 성경을 통해서 인격이 변화되고 사업이나 일상생활의 기본 사고가 성경 중심이 되었으면 하는 소망이 생겼다.

우리의 삶을 하나님 중심의 삶으로 옮겨 놓을 수 있도록 노력하며 살아가야 할 것이다.

나중 된자가 먼저 된다

우리 회사의 한 직원에 대한 이야기이다. 대구에서 자란 이 직원의 집안 식구들은 모두 불교 신자다. 친구들도 모두 기독교와는 거리가 멀었던 모양이다. 마흔 살이 넘도록 살면서 처음 만난 기독교인이 바로 나라고 한다.

그는 나를 처음 봤을 때 신기한 사람으로 생각했었고, 거부감마저 심하게 들었다고 했다. 하나님이 천지를 창조했다는 이야기부터 미신적이라고 생각했다고 한다. 사석에서 내가 들려주는 성경 이야기를 무척이나 거부했던 직원이었다.

그런데 하루는 그 직원의 막내아들을 가르치던 과외 선생이, 아들을 교회에 데리고 가겠다고 전화를 해왔더란다. 예전에는 말도 안 되는 이야기를 한다고 핀잔을 줄 만한 이야기였다. 공부나 잘 시키지 않고 엉뚱한 일을 한다고 한 마디 쏘아붙일 만한 이야기였는데, 그 날은 웬일인지 예수 믿는 사장처럼 아들도 부자가 될 수 있을지 모른다는 생각이 들어 자신도 모르게 승낙했다고 한다.

그 직원은 아들이 몇 달 째 너무나도 열심히 교회에 나가기에, 무슨 이단에라도 빠졌는지 걱정이 되어 몰래 교회를 따라갔었다. 그곳은 예상 외로 작은 교회였다. 70여 명의 노인들 속에 자신의 아들이 진지하게 설교 말씀을 듣고 있는 모습을 보고 깜짝 놀랐다고 한다.

어느 날, 그 직원은 내게 찾아와 그간의 사정을 이야기했다. 혹시 무슨 이단이 아니냐며 상담을 요청해 왔다. 그러나 보기에 이단 같지 않았다. 자신의 모든 것을 내놓고 물질에 욕심 없이 말씀만 전하는 사람은 이단이 될 수가 없다는 생각이 들어, 그 직원에게 조금 더 지켜보자고 했다. 나중에 그 직원은 휴가 기간 동안 휴가를 포기하고 교회에 나가 회개기도를 일주일 동안 했고, 방언을 받아 깊은 기도의 경지에 들어갔으며, 나보다 더 깊은 신앙생활을 하게 되었다.

게다가 내게도 '사장님도 회개기도 하시고 방언을 받으시라.' 며 역전도를 하기에 이르렀다. 묘한 생각이 들었다. 나는 60년이 넘도록 신앙생활을 해도 방언기도를 하지 못하는데, 불과 몇 달

만에 방언을 받고 몇 시간이 넘도록 기도를 해도 조금도 힘들지 않다고 하니 무척 부럽다는 생각도 들었다.

그러나 방언은 초신자를 위한 하나님의 선물이라는 성경 말씀을 이해하고 나서는 그를 진심으로 축하해 주었다. 정말 크신 하나님의 은사는 예언도 방언도 아닌 한 구절의 성경 말씀이라도 깨달아 전하는 것, 그 깨달음을 널리 전하는 사람이야말로 큰 사람이라는 생각을 하며 나도 아주 기뻤다.

더 신기한 이야기는, 그 직원이 처음에 교회에 갔던 것은 부자가 되기 위해서였는데 '모두가 가난한 사람들뿐임에도 불구하고 왜 이렇게 마음이 행복한지 모르겠다.'는 이야기다. 그 직원은 내게 '성경은 부자가 되는 말씀이 아니고, 세상은 광야와 같으니 세상 욕심을 버리고 살라는 말씀'이라는 설교를 듣고 마음속으로 솔직히 실망했으나, 마음은 어찌 그리 편한지 모르겠다고 말했다.

그 직원의 막내아들은 이제 의과대학을 졸업할 때가 됐다. 솔직히 말해서 아들은 의과대학에 들어갈 성적이 아니었으나, 꼴찌로 간신히 턱걸이를 해 들어갔다고 한다. 가족들의 생활도 좋아져, 이제는 참 좋으신 하나님이라고 고백한다. 전도는 말로 하는 것도 있지만, 기독교인으로서 자신의 위치를 잘 지키는 것도

큰 전도 방법이라고 생각한다.

대한민국의 건국 초기 이승만, 김구, 안창호 등 기독지도자들의 모습에서 지금 기독교의 부흥을 이룬 원동력을 찾을 수 있다는 생각도 든다. 오늘날 기독교인들의 좋은 행실이 하나님의 말씀을 흥왕하게 하고, 하나님께로 돌아오게 만드는 전도 방법이라는 생각을 해 본다.

"아내 된 자들아 남편에게 순복하라. 아내의 그 행위로 말미암아 구원을 얻게 하려 함이라" 베드로전서 3장 중의 말씀이다. 이때 아내 된 자는 우리 믿는 성도들을 지칭할 수도 있고, 아내를 지칭할 수도 있다.

우리가 말보다 행동으로 먼저 하나님께 복종하는 모습이 세상 모든 사람에게 구원을 얻게 한다는 말씀으로, 나에게 깊은 감명을 주는 구절이다.

구원에 대한 걱정

요즘 나에게 근심거리가 하나 생겼다. 남들이 들으면 이상하게 여기겠지만 60년 넘게 교회에 다녔는데 정말 내가 진정 구원 받을 수 있나 하는 부분이 근심으로 다가왔기 때문이다. 교회 목사님이나 신학자들과도 이야기해 봤다. 모든 답은 "걱정 말아라! 교회에 나오는 것만으로도 하나님이 너를 택했다는 증거다"라고 말씀하곤 하는데 그것만으로 이 구원의 문제가 나에게 명쾌하게 잘 와 닿지 않았다.

심지어 이야기하는 목사님마저 저분도 구원 받을 수 있을까 하는 의심이 생겼다. 믿음은 있어 보이는데 왠지 믿음이 안가는 생각이 드는 것은 왠지 몰랐다.

목사님과 신학자, 주변의 장로님들은 모두 기도도 잘 하시고 거룩한 것 같은데 왜 이런 구원관에 대한 의심이 드는지 나를 스스로 꾸짖어 보았다. 몇 달간 계속 생각을 하다가 믿음이 있으면 구원 받을 수 있다는 성경 구절이 나에게 강하게 떠올랐다. 그러나 내가 믿음이 있는지, 또 의심이 생겼다. 내가 정말 하나님을 잘 믿고 있는지 잘 모르겠다는 생각이 들었다. 그러다가 믿음의 객관성을 성경에서 찾았다. 갑자기 잘 보지 않던 야고보서 2장에 서였다.

전에는 믿음과 행위는 구원관과는 반대 입장이었다. 절대로 행위로 구원받을 수 없다. 그러나 야고보 사도는 이 두 관계가 하나라는 결론을 내주고 있었다. 즉 믿음은 행함과 함께 일하고 행함으로 믿음이 온전케 된다는 말씀이다. 그래서 행함의 열매가 없는 사람은 믿음이 있다고는 해도 결국은 믿음이 없다는 것이다.

그러므로 이런 분의 구원은 확실하다고 할 수 없다. 아무리 기도를 잘 하고 교회에서 방글방글 웃고 친절하게 이야기해도 그 사람의 행위가 없으면 믿음이 없는 종교인에 불과하다는 이야기다. 그러므로 영혼이 없는 몸이 죽은 것 같이 행함이 없는 믿음은 죽은 것이라는 야고보 사도의 말씀이 가슴 속 깊이 와 닿는다.

젊은 시절에 사랑의 열병을 앓아 본 사람은 금방 이해가 갈 것이다. 사랑하는 연인을 생각하면 행동으로 표시가 난다. 연애대

위법이란 작품을 쓴 헉슬리가, 글에서 아무리 싫어하려고 해도 좋아하는 사람을 위해 무언가 하고 있는 자신을 발견한다는 글을 본 적 이있다.

김일성 주체사상을 가진 미전향 장기수의 글에서 자신의 신념을 위해 평생 감옥을 택하고 아직도 감옥에서 고생하는 것이 힘들지 않다는 고백은 무엇을 말하는가? 공산주의 사상을 위해서도 일생을 바치는데 예수 그리스도를 위해 우리의 믿음을 굳게 하고 그에 따른 행위를 그리스도인답게 하는 것은 당연한 일이 아닌가 하는 생각이 들었다.

우리의 행위를 보고 세상 사람이 그리스도를 찬양하고 하나님을 경외케 하는 것이 우리 기독교인들의 본분이라고 생각해 본다.

사람이 행함으로 의롭다 하심을 받고 그래서 내 구원의 문제를 마음으로만 아니리라는 야고보서 말씀이 진리인 것으로 다가온다. 나 스스로 내 열매를 보고 구원의 확신을 확인할 수 있을 것인가. 그러기 위해서는 하나님이 기뻐하실 귀한 일을 더 많이 해야 할 것이다.

2장
•
주님이 기뻐하실 일을
하면서

종교 브로커

　어느 저녁 모임에서였다. 우리나라 전통 종교의 신도회장인 분과 자리를 함께 했는데 약간 흥분된 어조로 이야기를 먼저 꺼냈다. 며칠 전 신문에 크게 보도된 종교인의 도박과 향락에 관한 이야기였다. 나는 그 분이 재벌가의 회장이기도 하고 한 지역의 신도회장을 맡고 있기 때문에 신앙심이 뛰어난 분이라 생각하고 어떤 이야기를 하나 귀를 기울였다.

　그런데 아주 뜻밖의 이야기를 해 관심을 갖지 않을 수 없었다. 모두가 그런 것은 아니지만 종교인들의 사리사욕과 퇴폐적인 행동이 벌어지는 것은 당사자들보다 종교를 통해 자신의 욕심을 채우는 일종의 브로커들의 탐욕 때문이라는 설명이었다. 그래서 자신은 종교 브로커를 거치지 않고 불당에 직접 예불하고 싶다고 이야기하는 것이 아닌가. 궁금한 생각에 이야기를 들어 보았더니 이 분은 일부 스님을 신과 인간 사이의 중계자로 보고, 이들을 통해 신앙심을 오히려 잃어 간다고 생각하고 있었다. 그 이유는 큰 사찰의 주지의 권한이 너무 크고 재정 권한에 간섭받지 않으며 스스로 사용할 수 있는 폭이 크기 때문이라고 생각하고 있었다.

또 큰 사찰의 주지는 선거로 이루어지는 경우가 많은데 그 때 선거의 비용과 파벌이 심해 어느 정치 선거보다도 비용이 많이 든다고 한다. 게다가 소속 사찰에 대한 주지 임명권이 주어진다고 하니 아주 큰돈과 권력이 생길 수밖에 없다고 했다.

따라서 이곳에서 세상적인 싸움이 시작되고 경우에 따라서는 폭력과 금력과 부패가 난무한다고 이야기하는 것을 들었다. 민주적인 선거 방법이 오히려 종교인을 부패하게 한다고 열변을 토했다. 아마 이번 사건도 이러한 일과 무관하지 않을 것이라고 이야기했다.

왜 종교인들이 이토록 물질에 집착하냐고 묻자 되돌아온 그의 대답은 단순했다. 이렇게 큰 권력과 돈을 가진 주지가 나중에 바뀔 경우, 한 순간에 아무 것도 없는 빈털터리가 되고 노후에 아무런 대책도 없어진다는 사실이 그들을 불안하게 만들기 때문이라고 한다. 그래서 재직 시 돈을 축적하려고 그러는 것이라고 했다.

가톨릭의 신부는 노후에 생계가 보장되는 시스템이 있어 부럽다고 이야기했다. 그래서 신부님들의 부패는 매우 적다고 덧붙였다.

나 역시 크리스천으로서 현재 한국교회의 현실을 생각해 보았다. 그리고 한국교회도 일부 승려들과 무엇이 다른가를 생각해 보았다. 총회장 부정 선거, 교회의 금전 비리 사건, 세습 문제, 여자 문제 등이 신문에 대문짝하게 날 때마다 괴로워했던 기억을 더듬어 보았다.

그리고 이와 같이 일부 신과 인간 사이의 중계 브로커가 꼭 스님만인가 하는 생각을 해봤다. 아무 말 없이 듣기만 했지만 나 역시 안타까운 마음이 드는 것은 어쩔 수 없었다.

이런 점에서 기독교에서도 종교권력의 폐해가 거론되고 있다. 단체장이 섬기고 헌신하는 자리가 아니라 군림하고 무엇인가를 얻는 자리로 생각하기에 더더욱 그런 일이 발생되는 것이라 여긴다.

우리 크리스천들이 원하는 것은 진정한 신앙인이 되고, 신에게 의지하고, 가까이 가고 싶은 마음뿐일 것이다. 이곳에 신의 대행자라고 생각하는 종교 브로커가 끼어들어 우리를 오히려 신으로부터 멀리 떨어지게 하고 있는 건 아닌지 모르겠다는 생각이 들었다.

모범

성직자

일본의 메이지 유신의 정신적 지주였던 우치무라 간조라는 무교회주의자가 있었다. 이 분이 지금 일본 근대화의 아버지이며, 일본이 기독교 문화를 생활 속에 받아들이게 한 사상가였다. 그러나 그의 무교회주의는 일본 기독교의 쇠퇴를 가져왔다. 우리가 존경했던 함석헌 선배님이 그 분의 제자였다. 교회가 없이는 구원에 이르기 힘들다. 교회는 하나님의 뜻에 순복하는 본래의 뜻을 잘 이루어가야겠다는 생각을 해 보았다.

성경은 이에 대한 답을 주고 있다. 모든 성직자는 하나님이 맡기신 양 무리를 치지만, 마지못해 하지 말고 하나님의 뜻을 좇아 진심으로 할 것을 말씀하시고 있다. 또 더러운 이익을 위하여 하지 말라고 하신다. 이것이 바로 하나님을 빙자하여 본인이 존경을 받으려 하거나 본인의 지식 자랑을 하지 말며, 물질적인 탐욕을 버리고, 교인들 위에 군림하거나 본인을 CEO라고 생각하는 성직자가 되지 말라는 말씀이다. 그리고 교인들에게 자신을 주장하는 행동을 하지 말고, 자신의 올바른 행위를 통해 모든 양 무리의 모범이 될 것을 베드로 전서에서 말씀하고 계신다. 그리고 양 무리는 성직자의 노후를 돌볼 수 있는 시스템을 만드는데 준비해야 된다는 생각을 해 보았다.

히브리교와 유대교

미국 경제전문지 포브스(Forbes)가 선정한 아시아-태평양 지역 200대 유망 기업에 한국유나이티드제약이 선정됐다. 회사 대표로 시상식에 참석키 위해 싱가포르로 출장을 갔다. 시간이 조금 남아 근처 관광을 몇 군데 했는데 안내자가 무조건 유명한 절이 있다고 나를 데리고 갔다. 그런데 절이 참으로 이상한 모양을 하고 있었다. 불상도 있고, 코끼리 같은 힌두교 상도 있고, 배가 불룩 나온 도교의 부처상도 있었다.

무척이나 많은 사람들이 불상 앞에 헌화하고 기도하는 모습이 상당히 흥미로웠다. 수만 원 하는 꽃은 물론이고 십만 원대의 꽃바구니도 눈에 띄었다. 이곳에서 기도를 하면 아이도 낳을 수 있고 부자도 될 수 있고 병도 낫는다고 소문이 자자한 절이라 신도가 많다고 한다. 저 많은 꽃이 다 어디서 들어오는지 궁금해져 동행했던 거래처 사장에게 물었다. 사장은 빙긋이 웃었다. 신도가 꽃을 불상에 바치면 승려가 즉시 수거해 다시 꽃장수에게 팔고 꽃장수는 즉시 신도들에게 팔기 때문에 꽃이 얼마든지 준비된다는 것이다.

몇 년 전 인도를 방문했을 때 힌두교 사원에 간 적이 있는데, 그때도 똑같은 이야기를 들은 적이 있다. 불교, 힌두교 모두 공통점이 있다는 생각이 들었다. 예수님이 예루살렘 성전에서 양과 비둘기를 파는 상인들과 환전상들에게 아버지의 집을 더럽히지 말라며 심한 말씀과 행동을 하신 것이 기억났다. 제사장들이 상인들과 결탁해 성전에 바쳐진 헌물을 빼돌리고 장사하는 것을 한탄하신 것이다.

과연 언제부터 유대교에서 짐승을 잡는 것이 없어지고 헌물을 바치는 것으로 변했는가가 궁금해졌다. 구약 성경에서는 죄를 지으면 양과 염소, 비둘기 등을 성전에 바쳐 제사를 지낼 것을 명령했는데, 예수님 당시에는 이미 짐승을 잡는 제사를 드리지 않았다는 것이 생각난 것이다.

이스라엘에서 오랫동안 공부한 교수님께 문의를 해보고 구약학을 전공한 교수님께도 물어봤으나 속 시원한 답을 듣지 못했다. 궁금증은 더해졌으나 알 곳이 없어 오랜 시간 동안 잊고 지냈다. 그러다 어제 책을 읽다가 우연히 이것에 대해 다룬 부분을 발견하고 아주 기뻐하며 단숨에 읽었다. 이 책에 의하면, 이스라엘의 종교는 속죄를 위해 성전에 짐승을 바치는 종교였다. 성전에서 짐승을 잡고 그 피를 제사장이 하나님께 드리는 제사 종교였던 것이다. 그러다 바벨론 포로 후 이스라엘이 땅과 성전을 모두 잃고 나자 하나님을 섬길 새로운 종교의식이 필요해졌다. 그래서 가정에서 율법을 공부하고 기도와 회개를 하는 입술의 종교가 나타나게 된 것이다. 율법을 중시하는 유대교라는 종교로 변화되고, 이 율법을 해석하는 유명한 선생들이 랍비라는 이름의 유대지도자로 등장했으며, 이 랍비들이 구전 율법과 토라라는 구약성경의 주석을 바탕으로 정리한 책이 바로 탈무드다. 이 탈무드라는 해설서가 유대교의 주요 경전이 되었다는 설명이다.

그리하여 제사 중심의 히브리교는 말씀 중심의 유대교로 변해, 시나고그라는 회당을 중심으로 하는 종교로 탈바꿈한 것이라 한다. 미사 중심의 가톨릭은 중세 때 성경을 보지 못하게 하고 제사를 중요시한 종교, 기독교는 말씀의 종교로 서로 대조가 된다는 생각이 든다.

어느 종교도 변화를 피하지 못한다는 생각이 든다. 힌두교도 소와 짐승을 바치던 제사 중심의 종교에서 살생을 금하는 불교

로 거듭난 것을 보면서 세계 종교의 변화를 깊이 생각해 보았다. 이제 우리도 예수 그리스도로 말미암아 하나님이 기쁘게 받으실 신령한 제사를 드릴 거룩한 제사장이 되었다.

짐승의 피를 드리는 제사장이 아니라 거룩한 우리의 삶을 통해 하나님께 드리고, 또한 택하신 족속이 되고 왕 같은 제사장들이 되었다.

예수 그리스도의 보혈의 피에 다시 한 번 감사드리고, 예수 그리스도를 통한 구원의 역사와 하나님의 아들 됨에 깊이 감사드리는 기도를 드린다. 그리고 그리스도를 메시아로 받아들이지 않아 구원에 이루지 못하는 유대인들에게, 그리고 예수님 이외에도 구원이 있다는 다원주의자들에게도 안타까운 마음을 갖고 바른 신앙을 가질 수 있도록 도와야 할 것이다.

오순절 운동과 청교도 정신

장로교 교인으로서 오랜 신앙생활을 하다 보니 무언가 마음 한 구석에 부족함을 느끼기도 한다. 최근 신앙생활은 성경 중심이며 민주적이고 무언가 스마트한 것 같기도 한데, 좀 뜨뜻미지근한 신앙생활이라는 생각이 들어 만족하지 못할 때가 있는 것이다.

오늘 조그마한 교회에서 한 교인이 성령을 받고 방언이 나와 온 교인이 이를 축하하기 위해 미역국과 떡을 준비해서 잔치를 한다고 들었다. 마치 아이를 순산할 때와 같다며 전 교인이 감격의 눈물을 흘렸다고 한다.

나로서는 이해가 되지 않았다. 왠지 나도 한 번 방언을 받고 뜨거운 신앙생활을 해 봤으면 좋겠다는 생각이 들었다. 그래서 하나님께 제게도 방언을 주시고 성령 체험을 하게 해 주십사 기도했는데, 조금 더 매달려야겠다는 생각도 들었다.

아는 목사님께 질문했다. 장로교는 방언과 은사를 강조하지 않고 별로 권하지도 않는데 이유를 아시느냐고. 목사님은 그저 '그런 건 아닙니다.' 하신다. '방언 별 거 아닙니다.' 라는 말도 들었다. 내가 '목사님은 방언 은사 받으셨어요?' 물으니 '나도 급한 상황에서 기도를 하니 어느 날 방언이 되더군요.' 라는 답이 돌아왔다. '그러시면 방언 기도를 하면 어떤 이점이 있나요?' 하고 물으니, '기도를 더 깊이 할 수 있고, 몇 시간이고 쉽게 기도할 수 있는 장점이 있어요.' 라고 하셨다.

나는 욕심이 더 생겼다. 나도 하나님께 다시 한 번 뜨겁게 기도해 봐야지 하는 생각이 들었다. 그러나 실제로 많은 교단에서 신학적으로 정리된 바에 의하면, 방언과 신유와 이적은 사도행전에서 끝났다는 신학적 견해를 가진 교파가 많다. 방언과 은사를 받았다는 사람들의 언행이 모범적 신앙으로 잘 이어지면 좋은데 그렇지 못한 경우도 많아 덕이 안되기도 한다. 그러나 구더기 무서워 장을 담그지 못하는 우를 범하면 안 된다는 생각도 든다.

오순절 운동은 미국 아주사 지역의 폐허가 되어 버린 한 감리교 교회에서 시작됐다. 그 교회를 중심으로 미국 전역에 성령을 체험한 사람의 수가 늘어 새로운 운동이 시작되고, 이 운동은 성결교, 감리교, 장로교, 심지어는 가톨릭교회에도 새로운 복음주의의 부활을 가져왔다. 그리고 한국에서도 조용기 목사님이 이끄는 여의도 순복음 교회가 전 세계에서 제일 큰 70만 명의 대교회로 열매를 맺었다. 그리고 오늘도 살아계신 하나님의 증거로, 신유의 역사와 이적이 아프리카까지 복음으로 전파돼 중요한 전도의 방편이 되고 있다고 한다.

살아계신 하나님은 사도행전에서만 역사하시는 것이 아니고 오늘 우리 교회에서, 그리고 나에게도 지금 이 시간에 함께 역사하고 계시다는 것을 나는 확신하고 있다. 그러나 이 오순절 운동이 성령의 체험과 감동에 그치고, 이것이 우리의 실생활로 연결되지 않은 채 기복신앙으로 연결되면 안된다. 야고보서 말씀인 행위의 열매로 우리의 삶을 변화시키는 데에는 너무나도 부족하다는 지적에 우리는 귀를 기울여야 한다. 변질되지 않는 오순절 운동(혹은 그와 유사한 운동)을 종교사 쪽에서 찾아본 바, 나는 이것이 바로 청교도 운동이 아닌가 생각한다.

크롬웰이 지휘하는 청교도 군대는 폭정을 일삼는 왕정을 무너뜨리고 성경을 바탕으로 하는 신정 국가를 꿈꿨으나, 국민들이 다시 왕정을 원하는 바람에 영국에서 빛을 보지 못했다. 이들이

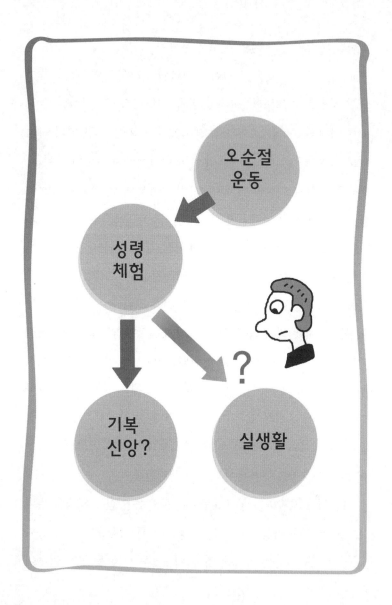

찾은 곳이 바로 미국이라는 신천지였고 그곳에서 그들의 꿈을 이루었다. 성경 말씀에 따라 정직하고 근검절약하며 직업의 귀천을 따지지 않고 부는 하나님이 잠시 맡긴 것이라는 청지기 정신으로 무장된 그들은, 세상에서보다 하늘에서 하나님께 인정받으려 했다.

그들은 하버드 대학, 예일 대학을 세워 자식들을 교육했고, 카네기 등 세계적 부호들을 양성하여 세계 전도에 쓰임을 받았으며, 대학 총장과 의사 등 미국 주류 사회를 이끄는 정치 지도자들을 양성했다.

건전한 미국 시민을 만들었던 청교도들의 삶을 우리가 재조명해 본다면, 믿음과 우리의 삶을 일치시킬 수 있는 대안을 찾을 수 있다고 생각한다. 교회의 신앙생활이 사회생활과 가정생활로 일치되는 신앙의 모델을 찾아야 우리 기독교의 전도가 제대로 이루어질 것이다.

믿음이 그의 행함과 함께 일하고 행함으로 믿음이 온전케 되었다는 성경 말씀이 이루어지는 한국 교회와 교인이 되기를 기도해 본다.

이슬람과 다원주의

얼마 전, 프랑스의 한 제약회사 사장이 우리 회사를 방문했다. 점심식사를 함께 하는 자리에서 이런 저런 이야기를 나누던 중, 종교에 관한 이야기를 자연스럽게 나누게 되었다. 그는 20여 년 전에 레바논에서 이주해 온 이슬람 신도라고 했다.

나는 이슬람에 대해 알고 싶어 다양한 질문을 해 보았다. 이슬람은 어떤 것이며 그들이 믿는 신은 무엇인지, 유대교와 기독교에 비해 어떤 것들이 다른지를 물어봤다. 책에서 접한 학자들의 주장과 실제 신도가 믿고 있는 것에 차이가 있지 않을까 하는 의문에서 했던 질문이었다.

그는 알라와 하나님을 같은 존재라고 했다. 자신들은 아브라함과 모세, 다윗 등 구약에 나오는 선지자들을 모두 믿고 있으며, 예수님까지도 선지자라고 믿고 있다고 했다. 그리고 마호메트는

맨 마지막 선지자라고 이야기했다. 또한, 자신들이 믿는 알라는 영이시기 때문에 하나님은 육체를 가진 아들을 가질 수 없다고 강조했다. 그럴 듯하다는 생각이 들 정도로 말을 잘했다. 그렇다면 당신들은 예수님을 하나님의 아들로 인정하지 않고 메시아인 예수님을 받아들이지 않는다는 생각을 갖고 있느냐고 묻자 그는 그렇다고 확실히 이야기했다.

비즈니스에서는 종교 논쟁을 피하는 것이 원칙이라, 나는 계속 질문만 해보았다. 당신들의 종교에는 프랑스에서 하는 인스턴트 데이트를 하지 못하느냐고 물었다. 그러자 그는 빙긋이 웃으며, 자신들은 네 명의 아내를 둘 수 있고, 맨 마지막 한 명을 남겨두고 결혼을 하며, 일주일 후에 이혼 증서를 받을 수 있다고 했다. 그리고 이는 첫째 부인의 동의 없이도 가능하다고 했다. 나는 이해가 잘 되지 않았지만 재차 물었다. 당신의 부인은 몇 명이냐고. 그는 자신의 부인은 한 명이며 잠시라도 한눈을 팔면 부인에게 죽을지도 모른다며 목에다 손을 갖다 댔다. 그 모습이 재미있어 또 한 번 웃었다.

이 일을 계기로 이슬람 선교에 대해 생각해 보는 시간을 갖게 됐다. 몇 년 전 이슬람 선교 전문 교수를 초청해 강의를 들은 적이 있다. 그때 그 교수는 이슬람의 알라가 전혀 다른 신이며 그들이 믿는 것은 우리와 전혀 다르다며 이슬람 종교에 대한 혐오감을 나타냈었다. 그런데 내가 신도로부터 직접 들은 것은 전혀 다른 이야기인지라 나도 정리를 좀 해야겠다는 생각이 들었다.

예수님이 메시아이고 우리의 원죄를 해결해 주신 분이며 이 분만이 하나님께 가는 유일한 길이라고 설명해야 선교가 될 것 같다. 그리고 진심에서 그들의 영혼을 사랑하는 마음으로 구원의 길을 가르쳐 주는 것이 바로 사랑이라는 생각이 들었다. 단지 기독교의 교세를 넓히기 위한 선교는 해선 안 된다는 생각이 들었다.

나는 이들을 설득할 만한 전략을 수립하고 실천해 볼 예정이다. 내가 씨를 뿌리면, 하나님께서 거두실 것이라는 확신이 들었다. 요즘 신학은 좀 이상한 방향으로 가고 있는 것이 아닌가 하는 생각이 든다. 석가탄신일에 가톨릭과 기독교 단체들이 절에 축하메시지를 보내는가 하면 TV에서는 스님과 목사님이 옷도 바꿔 입은 채 악수를 나누는 모습을 본다. 소위 종교다원주의라는 신학이다.

이슬람, 불교, 기독교, 천주교 모두에게도 구원의 길이 있다는 신학이다. 그리스도 이외에도 구원이 있다면 그들을 전도할 목적도 방법도 모두 사라지는 것이다. 그들과 휴전하고 하나님 나

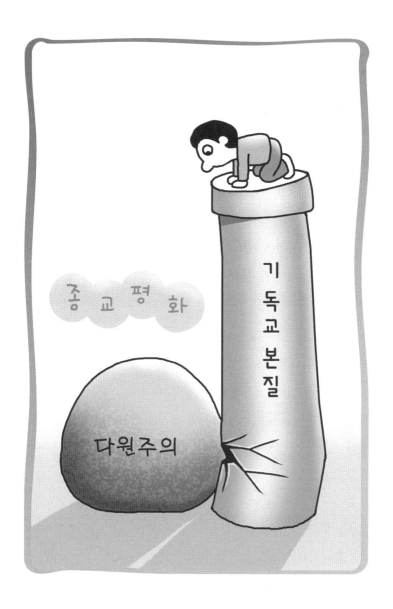

라의 확장은 하지 말자는 이론이다. 과연 이것이 하나님께서 기뻐하실 교리인지 생각해 볼 필요가 있다.

그리고 이 다원주의는 원래 불교의 전신인 힌두교의 힌두이즘에서 유래된 종교 이론으로 알고 있다. 이것이 언제부터 기독교 교리가 된 것일까. 종교 평화는 인류에게 행복을 가져다준다는 이론은 그럴 듯하지만, 기독교의 본질을 지나치게 훼손한다고 생각한다.

이런 신학 사상은 베드로 사도가 '너희 중에 거짓 선생이 있으리라. 저희는 멸망케 할 이단을 가만히 끌어들여 그리스도를 부인하고 멸망을 스스로 가져오는 자들이라.' 는 성경말씀을 생각나게 한다.

예수 그리스도는 하나님의 아들이신 동시에 신이시며 완전한 사람이시라는 신앙 고백을 다시 한 번 해 본다. 이것을 부인하는 자들은 이단이라는 어느 신학자의 외침을 다시 한 번 생각해 보았다.

교리적 이단과 본질적 이단

　얼마 전, 우리 회사의 영업사원이 일주일 동안 행방불명되었다가 출근한 일이 있었다. 그에게 자초지종을 물었더니 그의 아내가 한 종교의 교인이라 부부동반 의무교육에 참석할 수밖에 없었다고 한다. 그리고 자신의 모든 수입을 교회에 헌금한다고 했다. '하 그것 참' 하는 탄식이 절로 나왔다. 그리고 얼마 후 그 친구는 결국 회사를 그만두었다. 알고 보니 기독교 이단종파의 하나였다.

　몇 년 전, 우리 공장의 한 여직원이 직원들에게 돈을 빌려가고는 잠적했다는 보고가 들어왔다. 그는 평소 무척 성실한 직원이었다.그 후로 몇 개월이 지난 후 그의 어머니가 회사에 찾아와 퇴직금을 달라고 했다. 그 어머니에게서 딸의 자초지종을 들을 수 있었다. 그 직원은 어느 날 퇴근 후, 역 근방에서 한 사람을 만났다고 한다. 소위 말하는 '도를 아십니까?'였다. 그는 직원에게 '혹시 돌아가신 분 중에 보고 싶은 사람이 있느냐'고 물었다. 할머니가 보고 싶다고 대답한 그 직원을 어디론가 데려간 후 기도를 하자, 직원은 할머니 비슷한 영상을 봤다고 한다. 다음에 오면 좀 더 오래 보게 해 준다고 했고, 두 번째 방문에서는 실제로 조금 더 오래 봤다고 했다. 그리고는 돈을 헌금했다고 한다. 그런 식으로 몇 번을 더 오가며 결국 몇 천만 원을 헌금하기로 약속했다고 한다.

그래서 결국 그 직원은 본인의 돈과 동료에게 빌린 돈을 합쳐 1천만 원을 냈는데, 나머지 돈을 내지 못해 결국 의정부의 어느 곳에서 강제봉사를 하다 최근 탈출했다고 했다. 경찰서에 신고를 하자 경찰들은 그런 경우가 많다며, 최선을 다해 수사하겠다는 이야기만 들었다고 한다.

아는 분이 과천시에서 공무원으로 일하고 있다. 그 분은 이단 종파인 S교가 들어온 후 온 시가 시끄럽다고 했다. 젊은이들이 선교를 한다고 몰려다니며 시끄럽게 해 골치가 아프다고 한다. 교주가 예수님만큼 능력이 있으며 성경에서 구원받은 수가 자신들의 신도 수라고 이야기하고 다닌다고 한다. 이제 우리 대한민국은 OECD 선진국인데, 우리의 정신문화는 왜 이렇게 이상한

종교에 현혹되고 있는지 모르겠다. 그리고 전국에 교회는 많은데 이단에 대한 교육은 왜 이렇게 약한지 모르겠다.

사탄은 으르렁거리는 사자처럼 우리를 넘보고 있다. 성경으로 교인을 무장시키고 이단과 사이비로부터 주의 백성을 지켜주어야 한다는 생각이 든다. 사회봉사와 선교도 중요하지만 이단에게 넘어가지 않을 수 있게 하는 종교 교육도 정말 필요한 시점이다.

본질적 이단, 즉 예수그리스도 대신 본인이 예수라 칭하는 종교는 정말로 이단이라 할 수 있다. 그러나 신학적인 관점이 다르다고 해서 모두 이단으로 정죄하고 서로 싸우는 교리적인 이단 정죄가 너무나 빈번하다. 교인들은 뭐가 뭔지 모르게 되는 경우가 많다. 그래서 이단에 대한 경계심이 무뎌진 것은 아닌지 모르겠다.

'먼저 이것을 알지니 말세에 기롱하는 자들이 와서 자기의 정욕을 쫓아 행하며' 라는 말씀이 있다. 말세에는 깨어 기도하지 않으면 우리의 신앙을 유지하기 어렵다. 누구의 말도 성경에 근거하지 않으면 믿지 말고, 말씀만 붙잡고 살지 않으면 미혹 받을 위험이 많은 세상이다.

"우리의 방패이시고 신성이신 주님, 우리를 불신앙의 세력으로부터 지켜주십시오." 이 기도를 한 순간도 멈추지 말아야 하겠다.

대학 교수와 엿장수 부인

　몇 분의 교수님들을 모시고 회사 연수원에서 신앙 토론 모임을 가졌다. 날씨가 더웠지만 신앙 토론의 열기는 더 뜨거웠다. 성령 은사에 관한 내용이 주제였다. 나는 60년이 넘도록 교회에 다녔지만 어떤 뜨거운 경험도 하지 못했고, 방언도 하지 못하는 장로교인이라고 솔직히 고백했다. 그리고 성령 은사도 사실 받았는지 잘 모르겠다고 이야기하자 교수님 한 분이 내게 정색을 했다. 받으신 은사가 그렇게 많은데 왜 그런 실언을 하냐고 항의했다.

　"장로님이 축복은 다 받으셨고, 주변 사람들도 모두 잘 되는 큰 은사를 받으셨는데 불평을 하시면 되겠느냐"고 질타를 한다. 그건 그렇다. 나는 멀쑥해져서 앞으로는 조심하겠다고 이야기했다. 실제로 내가 받은 은사가 많은데 불평한 것이 미안해졌다. 미국에서 대학 교수를 하다 귀국해 한국에서 교수를 하고 계신 분이 신앙간

증을 했다. 미국의 한 주립 대학에 있을 때, 골프를 치다 허리를 다쳐 강의를 하지 못했던 때가 있었다고 한다. 통증이 심해 일어나지도 앉지도 못했는데, 병원에 가서도 차도가 없었다고 한다.

그러던 어느 날 교회에 부흥회가 있어 참석했는데, 그 때 강사가 엿장수 부인이었다고 했다. 초등학교를 2년 밖에 다니지 못하고 중퇴한 사람이라기에 왜 강사로 초빙했을까 궁금했는데, 알고 보니 그 강사가 신유의 은사가 있어 모셨다고 한다. 부흥회 첫날부터 반신불수의 미국인 여성이 휠체어를 타고 참석했는데, 둘째 날 안수기도를 받고 걸어 다니는 기적을 보았다고 했다.

그래서 온 교회가 깜짝 놀라고 시끄러웠다고 한다. 이 교수도 치료를 받고 싶은 마음이 들어 학생 두 명을 데리고 이 강사를 공항까지 모셔다 드렸다고 한다. 공항에 도착한 후 자존심을 버리고 안수기도를 부탁했고, 사람 많은 공항 한복판에서 안수를 받았는데 놀랍게도 허리의 통증이 완치되었다고 한다.

그 후로 이 교수도 새벽기도에 열심히 나갔고 방언의 은사도 받았는데, 요즘에는 세상일에 몰두하다 보니 그 은사가 시들해졌다고 했다. 하나님이 사람을 쓰시는 것은 학력이나 성별이 아니라 하나님의 목적에 따라 쓰신다는 이야기에 모두 엄숙해지고 경건해지는 순간이었다.

한 선교사는 네팔 선교 시 보았던 신유의 은사에 대한 경험담을 이야기했다. 네팔에서 한 중풍 환자가 친구들의 안내를 받아 들어왔는데, 기도 후 즉시 완치되어 온 동네가 예수를 영접했던 이야기였다. 모두가 또 조용해졌다. 장로교인인 나로서도 좀 어안이 벙벙할 따름이다.

믿자니 그렇고 안 믿자니 또 그렇다. 그러나 그 신유에 대해 어쩐 일인지 모두 공감이 되고 믿음이 가는 것을 억제할 수 없었다. 하나님은 살아 계시고 지금 이 순간도 역사하고 계시다는 확신이 오는 것을 느낄 수 있었다. 장로교 신학자들에게 방언, 신유는 별로 반기지 않는 단어들이다. 이러한 일들은 모두 사도행전에서 끝이 났고 지금은 거론치 말라는 말씀을 많이 하고 있다. 그러나 어제도 역사하신 하나님은 오늘도 살아 계셔 계속 이적과 신유의 은사를 우리에게 주고 계시다는 선교사님의 말씀도 틀리지 않다는 생각이 들었다.

그리고 살아 계신 하나님을 죽으신 어제의 하나님으로 만들지 말라고 항의하는 선교사의 강변도 와 닿는 면이 크게 느껴진다. 밤은 점점 깊어갔지만, 대화는 더욱 뜨겁게 이어졌다.

집으로 돌아갈 시간이 되었는데도 진지한 대화는 계속됐다. 한 여름 밤의 신앙 대화는 우리를 뜨겁게 한다. 이것이 바로 사는 재미가 아닌가 하는 생각이 든다. 좋은 신앙 벗들과 함께 무더운 여름밤을 가슴 뛰는 신앙 간증으로 식혀볼 수 있는 행복을 모두 가져 보시길 바란다. 정치 이야기보다 훨씬 즐겁다.

베네치아의 그림자

    여름휴가를 로마 전 지역을 돌아보는 여행으로 잡고 비행기에 올랐다. 한국도 더웠지만 이태리도 참 무더운 날씨였다. 40도를 넘는 태양이 너무 뜨거워 땀을 흘리면서도 물위의 도시, 꿈과 낭만의 도시 베네치아를 가본다는 생각에 더위를 잊고 즐거운 여행을 나서게 되었다.

    역사를 거슬러 올라가면 베네치아는 원래 바다 속의 도시는 아니었다. 중세 훈족의 침략을 받아 정든 땅을 버리고 피난 갔던 곳이 바다 속의 조그만 섬이었다. 전쟁을 피해 모든 재산과 농토를 버리고 조그만 섬에서 살 길이 막막해졌던 그들은 우선 염전을 만들어 소금을 생산하고 그것을 팔아 살아가다가 육지에서 큰 통나무를 사서 갯벌에 기둥을 세워 집터를 만들고 성당을 세우고 왕궁을 세웠다.

물위의 도시 국가를 만들고 집과 집에는 조그만 나무배를 타고 왕래하며 무역업을 하는 과정에서 큰 부를 거머쥐게 됐다. 이 돈으로 용병을 사서 주변 도시 국가를 정복하고 더 나아가 십자군 전쟁 때 군대에게 돈을 빌려주어 큰돈을 번 세계적 부의 나라가 바로 베네치아다.

지금도 베네치아는 관광객이 넘쳐 세계적으로 화려한 관광지로 명성을 얻고 있다. 그러나 저녁이 되고 상점 문이 닫히면 다시 쓸쓸한 적막이 흐르는 물의 도시로 순식간에 변한다. 낮과 밤이 완전히 다른 도시다. 집주인들은 실제 다른 도시에 살고 있는 경우가 많다고 한다. 우리나라 민속촌을 생각나게 하는 도시가 되었다.

그러나 물 위에 세워진 성당과 건물들은 경이로움을 더해 주어 그 곳에서 이 도시를 건설한 선조들의 열정을 느끼게 만든다. 물 위에 어떻게 이런 멋진 건물을 세웠는지 이것은 인간이 만든 기적 그 자체라고 해도 지나치지 않다. 무엇이 그들에게 이러한 문명을 이루게 했던 힘의 근원이 되었는가를 생각해 보았다.

거대한 성당이 그 이야기를 대변해 주는 것 같았다. 그들이 아무것도 없을 때 매달렸던 것은 하나님의 은총이었고 자비였다. 그들이 구했던 것은 전적인 하나님의 도우심이었다. 그것으로

그들은 인내했고 부와 존귀를 이루어 냈다. 그러나 그들이 사치와 안락에 빠져 큰 성당 건물을 자랑하고 하나님께 매달리지 않으니 나폴레옹에게 침략 받아 몰락하게 되는 운명을 맞게 되었다.

우리나라도 일본의 지배에서 벗어나고 독립하였으나 북한의 침략으로 인한 한국전쟁의 쓰라린 폐허 속에서도, 하나님께 매달려 교회를 크게 짓고 경제 대국이 되었고 풍요롭게 되었다.

그러나 이제 교회는 예수님 없는 신학이 들어오고, 사람들은 시끄러운 교회를 피해 조용한 교회를 찾는 이 때, 우리에게 베네치아의 그림자는 너무나 큰 교훈을 주고 있다.

여호와를 경외하는 자에게는 견고한 피난처가 있으며 사망의 그물에서 벗어나게 하신다는 성경말씀을 기억나게 한다. 부와 지식을 자랑하지 말고 다시 우리 하나님께 매달리는 한국 교회와 교인이 되기를 기도한다.

박물관이 된 성당

이탈리아는 성당을 중심으로 도시가 발달한 국가다. 먼저 도시를 세울 때 성당을 세우고 그 옆에 왕궁이 세워졌고 광장이 있고 그 주변에 상가와 주택이 세워지는 동일한 모습을 가진 도시 형태를 가진 것을 현장에서 볼 수 있다.

현재 국민의 90% 이상이 천주교 신자인 것으로 알고 있다. 따라서 이탈리아의 유서 깊은 도시들을 방문할 때마다 그 중심에 성당은 커다랗게 자리 잡고 있다. 그러나 안타까운 것은 주일에도 교인은 보이지 않는다는 것이다. 정말 특이한 일이다. 그 대신 관광객은 넘쳐나서 성당은 박물관이나 관광지로 착각할 정도다.

우리나라의 경건한 미사와 넘쳐나는 교인들과는 너무나 대조가 되는 모습이다. 한마디로 주인은 어디가고 나그네만 넘치는 성당. 이것이 현장을 다녀 본 나의 느낌이었다. 그리고 성당을 구경하기 위해 매표소에서 줄을 서고 있는 사람들을 보고 있는 나의 마음은 어쩐지 쓸쓸한 느낌을 받았다.

성당이 예배 공간이 아니라 관광건축물로 전락해 버린 것이다. 나이가 지긋한 이탈리아 가이드에게 물어보았다. "선생님은 천주교 신자이신가요?" "그렇습니다." "그런데 성당에는 언제 가시나요?" "별로 안 나갑니다. 그러나 하나님은 자비로우셔서 우리가 고생하면서 바쁜 줄 아시니 용서해 주실 겁니다."

그는 성당의 예배시간에는 항상 늙은 교인 몇 분들만 출석한다고 덧붙였다. 바티칸을 구경하고 베드로 성당을 관광했다. 이렇게 큰 성당에 관광객은 넘쳐도 예배는 드리는 곳은 발견 할 수 없었다. 도대체 신부와 성도는 어디에 있나 계속 찾아봤으나 보이지 않는다. 이곳에 들어가는 입장료는 2만 원 정도다. 1년에 수천만 명이 방문한다고 하면 그 돈이 엄청난 액수가 될 것 같다. 성당의 돈은 넘치는데 예배와 기도는 어디서 찾을까 생각해 보았다.

한국교회에 세계 최대의 교회도 있고 돈도 넘친다. 그리고 큰 교회가 많다. 우리가 언제까지 이렇게 교인 수가 차고 넘칠까 생각해 보았다. 그런데 문득 언젠가 이 교인들이 이태리 로마처럼

종교인과 신앙인

없어질 지도 모르겠다는 생각이 들었다. 우리 교회도 박물관 교회가 되지 말라는 법은 없지 않나 하는 생각도 했다.

말씀이 떠나고 성령이 떠나면 우리 교회는 어떻게 될까. 그리고 우리 교회는 어디로 가고 있는가. 그리고 이 길이 정말 하나님 뜻대로 가고 있는 길인가 생각해 보는 시간을 가져 보았다.

우리가 신앙생활을 하면서 유의해야 할 부분이 바로 기복신앙이다. 예수님이외에도 구원이 있다는 다원주의 신학, CEO가 꿈인 목회자, 이벤트 중심의 예배, 경건성을 외면한 북치고 노래하는 시끄러운 예배. 이런 것을 과연 하나님이 기뻐하실까 하는 생각을 해 보았다.

그리스도로 말미암아 하나님이 기쁘게 받으실 신령한 제사를 드릴 교회가 이 땅에 계속 세워지고 교인도 계속 넘쳐나기를 간절히 기도 해 본다. 우리나라는 결코 이태리 성당의 전철을 밟지 않길 바라며….

어디로 갑니까?

갈렙바이블아카데미 강의가 한 학기를 모두 마칠 무렵이었다. 유명 복음주의 신학자들로 강사진을 구성해, 강의 분위기는 언제나 뜨겁다. 열강이 끝나면 어김없이 질문공세가 시작된다. 저명한 신학 교수님들마저 가장 곤혹을 치르는 시간이다.

아카데미 수강생 중에 교수이자 장로님이신 분이 한 분 계신다. 이 분은 모태신앙이시며 뜨거운 은사를 사모하는 분이다. 이 분의 질문은 매번 똑같다. '우리가 죽으면 어디로 갑니까?' 이다. 몇몇 강사님들께 진지한 질문을 계속 하시는데 아직도 답을 얻지 못하신 모양이다.

오늘도 같은 질문을 한다. 저명한 교수인 강사님은 '천당으로 가지요' 한다. 그러자 그 분은 다시 '그렇다면 마지막 심판 때 천국에서 내려와 심판을 받고 다시 천국으로 올라갑니까?' 한다.

강사님은 말끝이 흐려지며 장황한 설명을 시작하신다.

답을 들은 장로님은 '예, 알겠습니다.' 하며 끝낸다. 그러나 표정은 알 듯 모를 듯한 표정이다.

주말에 교수님 몇 분과 함께 한 선교사님과 이 문제로 토론을 했다. 성경에 기록된 바에 의하면 우리가 음부로 내려간다고 하는데 이것이 무슨 뜻이냐고 한 분이 물었다.

예수님도 음부로 내려가셔서 전파하셨고, 그렇다면 우리도 우선 음부로 가는 것이 아니냐는 이야기도 있었다. 그러자 선교사님이 이런 이야기를 했다. 본인은 임종을 맞은 환자를 방문해 기도해 준 경험이 많은데, 모든 사람들이 같은 말을 하더라는 것이다. 죽음을 앞에 둔 사람은 천사와 검은 옷을 입은 귀신이 나타나며 천사의 인도로 밝은 빛을 통해 순식간에 하늘로 올라간다는 경험담을 들은 적이 있다고 한다. 그러자 함께 한 사람들이 아무 말도 하지 못하고 듣기만 했다.

우리의 소원은 어디로 가든지 주님이 인도하시면 그 곳이 천국이 아닌가 생각된다. 어디나 주님이 계신 곳이 바로 천국이라고 생각한다. 우리가 주의 임하심을 받으면 주님이 빛 가운데로 우리를 인도하실 것이라는 생각이 들어 '어디면 어떠랴'가 모든 사람들의 일치된 의견이었다.

종교인과 신앙인

요한계시록의 "죽은 자들은 자기 행위에 따라 책들에 기록된 대로 심판을 받으니 누구든지 생명책에 기록되지 못한 자는 불못에 던져지더라. 어린 양의 생명책에 기록된 우리는 그 빛 가운데로 다니고 자기 영광을 가지고 그리로 들어가리라"는 말씀을 붙잡고 이 땅에서 주님이 기뻐하실 일을 하면서 살아가면 '어디로 갑니까?'에 대한 해답이 될 것이라 생각된다.

WCC의 소용돌이 속에서

　전통적으로 사도 요한의 제자라고 알려진 폴리갑은 사랑받는 초대교회 감독이었다. 폴리갑은 가르침의 깊이보다는 투철한 신앙 때문에 존경받은 분이다.

　로마 황제가 기독교를 심히 박해할 때 체포되어 광장의 많은 사람들 앞에서 주님의 신앙을 버릴 것을 회유받자 그는 단호하게 거절하며 소리 높여 외쳤다. "나는 86년 동안 예수를 섬겼는데 그 분은 한 번도 나를 버린 적이 없습니다. 나를 구원하신 나의 주를 어떻게 배반할 수 있습니까." 그의 순교의 피가 로마를 정복하고, 로마를 통해 전 유럽으로 이어졌으며, 동방의 작은 나라 한국에도 복음의 꽃이 활짝 피었다.

　역사를 되돌아보면 동서고금을 막론하고 권력은 시간이 흐르면서 부패한다. 현재 우리 한국교회는 천만 교인을 얻었으나, 진

정한 영혼을 얻었는지는 생각해 볼 때가 되었다고 생각한다.

지금 WCC(세계교회협의회) 세계 총회 문제로 기독교계가 양분되어 격렬한 진통을 겪고 있다. 한 쪽에서는 WCC가 예수 이외에도 구원이 있다는 다원주의자들의 모임이므로 WCC 총회는 절대 불가라는 입장이고, 다른 한 쪽에서는 편협한 시각으로 보지 말고 조류에 맞춰 세계 평화를 위해 함께 가자고 한다. 그 말도 설득력이 있다.

그러나 폴리갑 감독이 목숨을 내놓고 순교한 것은 그리스도가 나의 왕이라는 믿음 때문이다. 최소한 WCC를 찬성하는 쪽도 'WCC는 그런 생각이 있더라도 우리 교회는 이 점에서는 생각을 달리하고 있다'는 확실한 대답을 한 후 다른 문제에 대한 협조를 구하면 어떨까 하는 생각이다.

종교다원주의가 바로 폴리갑 감독이 목숨 걸고 싸운 로마의 범신론과 다신교 사상과 다르다는 것을 명확히 정리하고 개최했으면 하는 생각이 든다.

우리 왕 예수 그리스도를 욕되게 하고 싶지 않다는 폴리갑 감독의 외침이 아직도 우리를 감동시키는 이유는 무엇일까.

3장
•
진리로부터
벗어나지 않게

판테온 신전과 성당

　인류의 역사를 바꾼 대사건 중 하나로 콘스탄티누스의 기독교 공인을 꼽을 수 있다. 지하에서 고통 받던 기독교인들이 이제 황제의 높임을 받고 권력의 중심 세력으로 등장한 것이다. 로마를 지배하던 다신교가 기독교의 눈치를 보기 시작하자, 제우스를 섬기던 일부 신관들이 가톨릭으로 개종해 신부가 되어 다시 권력의 중심으로 이동하게 되었다. 다신교와 기독교가 어설프게 정치적으로 연합해 로마 가톨릭으로 탄생하는 대변화가 나타난 것이다.

　이 때 많은 초대 교회의 교인들이 우상 숭배와 결합하는 종교 형태에 실망하고, 로마 가톨릭 교회를 떠나 사막으로 또는 산 속으로 가 수도원 운동을 하게 된다. 콘스탄티누스는 로마의 기존 다신교인들을 달래는 한편 기독교인들도 끌어안는 정치적 종교 형태를 원했고, 이것을 통치 수단으로 활용할 의도를 갖고 있었다. 따라서 로마 가톨릭이 새로운 로마의 국교로 선포되었다. 그러나 초대 기독교인들의 민심은 흉흉했다. 로마 교황이 적그리스도라는 이야기가 떠돌 정도였다.

요한계시록의 내용을 토대로 비판적인 이야기가 나오게 되자, 로마 가톨릭은 요한계시록을 금서로 정하고 박해를 시작하다 결국 성경 전체를 금서로 정하고 성경을 읽는 모든 사람들을 마녀 또는 배교자로 낙인찍어 화형에 처하는 중벌을 하게 되었다. 많은 교인들은 물론 신부들까지도 성경을 읽다 발각되어 처형되곤 했다. 그 대신에 가톨릭 교리를 교인들에게 교육하며 성경 대신 교리 중심, 예수님보다는 교황이나 마리아를 통한 중보, 각종 성인들을 통한 중보 등 옛 로마 종교와 비슷한 종교 형태를 갖게 되었다.

판테온 신전은 만신전이라는 뜻으로, 모든 신에게 바쳐진 신전이라는 그리스어다. 특히 주피터, 마르스, 로물루스, 시저 등의 석상이 세워져 있는 다신교의 전형적 신전이다. 카타콤에 있던 순교자들의 시신을 옮겨놓고 성당으로 바꾸어 오늘날까지 보존하고 있다. 그러나 그 내부가 많은 성당들과 너무나도 흡사한 것이 나의 눈에 기이하게 보였다.

중세에 들어 루터가 로마 교회의 교리에 반기를 들고 성경을 모든 교인이 볼 수 있게 하며, '오직 믿음으로'라는 말씀을 들고 나와 종교 개혁을 하게 된다. 이 종교가 바로 개신교의 시작이다. 천주교와 개신교는 비슷하지만 내가 판단하기엔 전혀 다른 종교다. 천주교는 신부님에게 죄를 고백하면 죄를 사해주는 역할을 하지만, 개신교는 오직 하나님만이 하실 수 있다고 생각한다. 교황과 마리아를 통한 하나님과의 교통을, 개신교에서는 만민이 제사장이 되어 직접 교통한다는 너무나 큰 차이가 있다.

천주교의 제사 중심 예배 형태와 개신교의 말씀 중심 예배 형태도 차이가 크다. 양쪽 모두 하나님을 믿어 구원을 받는다는 것은 같지만, 교회 정치 형태도 중앙집권식 형태와 민주 형태로 완전히 다르다. 많은 교인들이 천주교와 기독교가 같다는 막연한 생각을 갖고 있지만, 좀 더 생각해 볼 시간과 기도가 필요하다는 생각이 든다.

어떤 곳이 주님이 계신 곳인지, 내가 직접 하나님께 나아갈 수 있는 곳인지 잘 판단해 보아야 할 것이다. 천주교도 존중받아야겠지만 진정한 자신의 종교적 정체성도 찾아야 될 때라고 생각한다.

"하나님, 우리에게 지혜와 명철을 주시사 하나님이 기뻐하시는 예배를 우리가 드리게 하여 주시옵소서."라는 기도해 본다.

하나님의 의와 일자리

캐나다에 사시는 교포분과 오랫동안 세상 돌아가는 이야기를 한 적이 있었다. 주제는 캐나다의 생활 이야기였다.

"캐나다에서는 생활을 어떻게 하십니까?"

"캐나다에서는 연금이 한 사람 당 매월 100여만 원 나오니 부인과 합치면 2백만 원은 넘습니다."

"넉넉하시겠는데요."

"집세가 120만 원 정도이고 전기료 등을 내고 나면 몇 푼 안 남는데, 식료품비가 싸서 그럭저럭 삽니다."

"아드님은 요즘 어떠세요?"

"최근에 결혼을 했는데 지금은 소방관 시험 준비를 하고 있습니다. 대형 차량 운전면허도 있어야 하고 특히 체력 시험에 통과해야 하기 때문에 무척 힘이 든다고 합니다. 2년째 준비 중인데

올해에는 꼭 합격해야 합니다.”

“며느리가 직장을 구하면 덜 힘들지 않을까요?”

“카페라도 취업하려고 한인 친구에게 부탁을 했는데, 시에서
빈자리가 생기면 채용하라고 해서 본인 맘대로 할 수가 없다며
미안하다고 합디다.”

캐나다도 일자리가 정말 없다고 한다. 공장이 없고 기업체가
없으니 젊은이들은 실업 수당으로 근근이 살고 있는 사람이 많
다고 한다. 돈도 문제지만 사회 경험을 쌓을 기회도 적다는 생각
이 들었다.

스웨덴에 갔을 때 만난 한 청년은, 그 곳도 사정이 비슷하며
덴마크도 마찬가지라는 이야기를 했다. 취직을 하면 4백여만 원
을 월급으로 받는데 세금으로 40%를 떼면 2백 몇 십만 원을 번
다고 했다.

그런데 놀면서 실업 수당을 신청해도 이백만 원 정도를 받는
다고 한다. 대학도 등록금이 없고, 나이 들면 연금이 나오며, 병
원도 무료이니 그야말로 요람에서 무덤까지 보장되는 사회다.
그래도 본인은 일을 하고 싶단다. 요즘은 연금이 불안해지고 있
어 걱정이 많다고 했다.

전 세계적으로 일자리는 큰 사회적인 문제다. 일자리를 만드

정직한 기업

청지기 정신

는 것은 회사인데, 선진국 기업인의 자녀들은 회사 경영을 기피한다고 한다. 세금이 너무 많고 힘드니, 아버지가 회사를 물려주려 하면 전문직인 아들은 '저는 그냥 이대로 살겠습니다.' 라고 답한다고 한다.

기업가 정신이 사라지면 회사가 없어지고, 삶의 질만 강조하면 근로자도 없어진다는 말이 생각났다. 요 근래 선진국들의 일자리 전쟁 이야기다.

요즘 우리도 일자리 때문에 사회 문제가 많다. 그러나 우리는 유럽보다는 형편이 좋은 편이다. 경제 민주화를 정치권에서 자주 언급하니 대기업이 긴장하고 있다. 기업 의욕이 상실되어 일자리를 줄이는 쪽으로 가지 않기를 바랄 뿐이다.

노동계의 파업도 일자리를 지키는 것을 우선으로 하는 것은 이해가 되나, 이념이나 정치적인 목적의 노동 운동이 일자리를 줄이는 결과만 가져오게 된다면 바람직한 것이 못 된다는 생각이 든다.

성경은 땀 흘려 일하는 것이 인간의 본분임을 이야기하고 있다. 일하기 싫으면 먹지도 말라. 게으름은 가난을 가져온다고 말씀하고 있다. 청교도들은 직업의 귀천을 따지지 말아야 하고, 재물은 하나님이 잠시 맡기신 것이며, 돈은 잘 쓰면 부자의 면류관이고 잘못 쓰면 돈에 녹이 슬어 그 독으로 생명을 잃는다고 말씀하신다. 가난한 자를 돕는 것은 하나님께 꾸이는 것이라고 말씀하신다. 그리고 선행에 보답하신다고 말씀하신다.

기업인은 청지기 정신으로 정직한 기업 운영을 통해 세계를 향해 나아가며, 정부는 그 뒷받침과 격려를 아끼지 말아야 한다. 근로자들은 하나 되어 힘을 모아야 한다. 그렇게 됐을 때 우리 사회에, 이 땅에 하나님의 의가 이루어지는 것이라 생각한다. 생활이 안정되어야 교회도, 복지도, 남을 도울 마음도, 그리고 전도할 마음도 더 열정적으로 생길 것이다.

이게 웬 떡입니까?

조그만 개척교회 식당에서 주일 점심 식사를 한 적이 있다. 보통 때보다 교인들의 표정이 밝았고 즐거운 담소가 이어지고 있어 궁금한 생각이 들었다. 그리고 식탁 위에 먹음직스러운 떡이 있기에 이것이 웬 떡이냐고 목사님께 물어보았다.

"이 떡은, 항암수술을 받은 후 오늘 첫 출석하신 김 집사님께서 감사의 의미로 전 교인들과 나누는 음식입니다."

흔하지는 않지만 종종 있는 일이라 대수롭지 않게 생각했던 나는, 자세한 내용을 듣고 감동받지 않을 수 없었다. 김 집사님은 서울대학교 공대를 졸업한 엘리트였다. 대기업에 입사해 승승장구했고, 교양 있는 고등학교 선생님과 결혼해 행복한 가정을 꾸려가고 있었다. 그러다 독립해 자신의 사업을 해 보겠다고 생각하고 경영을 시작했다.

처음에는 희망도 보였고 사업도 잘 됐다고 한다. 그러나 사업이 기울기 시작하자 처가로 시작해 부모, 형제, 친구들에게 돈을 빌렸다. 은행 빚이 불어났고 부인의 월급에 차압이 붙었다. 여기에다 엎친 데 덮친 격으로 건강 검진 결과 암 3기라는 절망적인 진단이 나왔다.

집사님은 교회에서 매일 기도하고 신유에 매달리게 되었고, 목사님에게 병을 낫게 해달라는 기도를 부탁하게 되었다.

전 교인이 기도에 들어갔고, 집사님은 아예 기도원으로 거처를 옮겨 기도에만 매달리게 되었다고 한다. 돈이 없으니 자동차에서 잠을 자며 라면으로 끼니를 때우니 건강은 점점 악화될 수밖에 없었다.

소식을 들은 목사님은 김 집사님을 만났다. 기도로 치료를 받을 수도 있겠지만, 의사를 통해 수술을 받고 치료받는 것도 하나님의 또 다른 신유 은사이니 수술을 받자고 권유했다.

그러나 집사님은 완강히 거절하고 기도원 생활을 계속 했다. 수술을 하지 않는 이유는 부인을 통해 알게 되었다. 병원비를 감당할 수 없었던 것이었다. 이미 죽을 것을 각오했다는 말도 들었다고 한다.

목사님은 이야기를 듣자마자 한 대학병원에 수술 날짜를 잡고

목사님 개인 신용카드를 병원비에 쓰라며 집사님 부인에게 맡기고 갔다. 수술은 잘 되었고 한 달 만에 회복한 집사님이 교인들에게 떡을 돌린 것이다. 게다가 이 사실을 교인들이 알게 되었고, 나이 지긋하신 교인 한 분이 병원비를 슬며시 헌금했다고 한다. 이 돈으로 병원비가 해결된 것이다.

참으로 아름다운 이야기였고 정말 맛있는 떡이었다.

"가난한 자를 불쌍히 여기는 것은 여호와께 꾸이는 것이니 그 선행을 갚아주시리라." 하나님의 말씀이다.

김 집사님의 이야기는 여러 사람들에게 선행과 나눔, 사랑을 전하고 종국적으로 하나님께 영광을 올려드리는 일이 되었다.

5km 밖으로 떠나라

옛날 우리나라 풍습에 '고려장' 이라는 제도가 있었다. 당시엔 너무나 가난해 먹을 것이 부족했기에, 부모님이 나이가 들면 지게에 메고 산 속 깊은 곳으로 가 구덩이를 파고는 며칠 분의 양식과 함께 부모님을 놓아두고 돌아오는 끔찍한 장례 제도였다.

그 때 한 아들이 아버지를 버리려고 산 속으로 들어가고 있었다. 그런데 지게에 타고 계신 아버지가 지나치는 나무마다 표시를 남기는 것이었다. 아들이 이유를 묻자 아버지는 '산이 너무 깊어 네가 돌아갈 길을 찾지 못할 것 같아 나무에 표시를 해 놓고 있으니 길을 잃지 말라' 고 당부했다.

그 말을 들은 아들은 도저히 아버지를 버리지 못하고 울면서 왔던 길을 되돌아갔다는 이야기다. 지금 생각해도 눈물이 나는 이 이야기는 부친에게서 직접 들은 이야기다.

나는 '갈렙 밝은문화 은목회'를 창립시켜 운영해 오고 있다. 100여 분의 은퇴 목사님을 유나이티드 문화재단에 모시고 식사도 하고 이야기도 듣는 시간을 갖는다. 이 분들은 한국이 가난했던 시절, 한국 기독교가 시작될 때 무릎을 꿇고 기도하며 교회를 세웠고, 한국 경제도 이 분들과 같이 성장했다.

그러나 세월이 흘러 이 분들이 은퇴하고 늙고 병들었을 때 아무도 이들에게 관심을 갖지 않았다. 경제적으로나 신앙적으로 인간에게 배신당했다는 생각을 갖고 계신 분이 너무나도 많았다. 그래서 어떤 분은 기도할 힘도 잃었고 찬송할 힘도 잃어서 하나님을 잊고 지낸 분까지 계신다는 이야기를 들었다. 참석하셨던 분들이 이 이야기를 듣자 충격을 받고 눈물을 흘리기도 했다.

한 은퇴 목사님은 '후임 목사님과 일부 교인들이 5km 밖으로 떠나라고 해 담임했던 교회에 출석도 하지 않는다.'라는 이야기도 했다.

너무나 혼란스러웠다. 거짓말 같은 이야기에 가슴이 미어졌다. 사람은 누구나 늙는데, 과연 그들도 늙지 않을까. 이 은목회를 더욱 잘 운영해야겠다고 다짐하는 계기가 되었다.

교회가 선교와 전도와 섬김을 이야기하지만, 은퇴 목사님에 대해서도 교회가 관심을 갖고 교인들과 함께 걱정하고 배려한다면 하나님이 정말 기뻐하실 것이라는 생각이 들었다.

짐승의 표

　미국의 오바마 대통령이 자신의 정치 인생을 걸고 공화당과 싸우면서 결국 건강보험법을 통과시켰다. 이 법이 시행되면 우선 외국 유학생들부터 의료 정보를 담을 수 있는 칩을 이식받아야 한다. 이 때 이식되는 것이 베리칩이라고 한다.

　사람의 이마나 손가락 속에 심어 건강 기록을 넣어 두어 교통사고나 긴급 상황 발생 시 적절한 조치를 취할 수 있도록 모든 의료정보를 담는다. 더불어 이 칩은 위치 추적까지 가능하도록 되어 있다고 한다. 테러로부터 보호받기 위해서다.

　권력기관은 사람들을 항상 감시할 수 있게 되고, 모든 정보는 정부가 관리할 수 있게 된다. 다만, 은행 계좌 정보는 아직 의무화되지 않았다. 2015년 이전에는 실시될 것 같다는 것이 일반적 시각이다.

기독교인들이 이것을 성경적으로 풀어내면 요한계시록에 예시되었던 6.6.6이다. 6.6.6의 현대적 표현이 바로 베리칩이라고 보는 것이다. 세계적 시범 도시로 한국의 송도가 선정되었다는 낭설도 돌고 있지만 확실치는 않다.

　한국의 모 재벌 기업이 이 칩의 세계적 공급을 준비하고 있다는 이야기도 있다. 미국 유학 중인 신학생과 앞으로 유학을 갈 아이들이 걱정이다.

　집의 가정예배 때 이 이야기를 꺼내니 모두 긴장하고 걱정하는 눈치다. 또한 한국도 비슷한 일이 생기지 않는다는 보장도 없다. 나 역시 걱정을 안고 아는 목사님께 이 짐승의 표 이야기를 물었다. 이 칩을 받아도 되겠느냐는 질문에 목사님은 '받아도 되고 안 받아도 된다.' 는 답을 하셨다.

　'성경 상으로 요한계시록은 상징적일 수 있으며, 천년 왕국은 걱정할 필요가 없다' 는 말씀이었다. 하지만 '목사님은 짐승의 표를 받으실 겁니까?' 하고 묻자 '글쎄요' 하신다. 의아하게 생각한 나는 연세가 많으신 다른 목사님께 여쭤보았다. 이 목사님은 절대로 받으면 안 된다며 '지옥에 갈 표' 라고 하셨다.

　나는 다시 한 번 의아해졌다. 같은 신학교를 졸업하신 두 목사님이, 한 분은 상징일 뿐이라고 하시고 한 분은 절대 안 된다고

대답하시니 답답했다. 젊은 목사님은 신학교에서 무천년설을 교육받으셨는데, 나이 드신 목사님은 철저히 전천년설을 교육받으셨다고 한다. 같은 신학교인데도 신학의 세대 차이가 많이 난다는 생각이 들었다.

요한계시록의 '누구든지 짐승과 그 우상에게 경배하고 이마에나 손에 표를 받으면 하나님의 진노의 포도주를 마시리니, 어린 양 앞에서 불과 유황으로 고난을 받고, 밤낮 쉼을 얻지 못하리라' 는 말씀이 떠올랐다.

이 표를 받지 않으면 매매도 할 수 없고 취직도 할 수 없으며 병원에도 가기 힘들 때가 올 것이라는 생각이 들어, 그 날은 온 식구가 큰 걱정을 하고 기도하는 시간을 가졌다.

"코앞에 다가온 환난의 때를 피하게 하여 주시옵소서" 기독교인들이 더 깨어 기도해야 할 때이다.

정통복음주의와 국제종교

미국이라는 나라는 참 이상한 나라다. 동성애자가 보호 받는 법률도 제정되고, 동성애가 나쁘다고 이야기하면 인권침해로 법률적 제재를 받는 나라다. 동성애는 하나님의 창조 질서를 배반하는 일이라는 것이 많은 신학자들의 생각이다.

그리고 건강보험법을 만들면서 이마나 손에 크리스천들이 666으로 생각하는 칩을 이식받는 법을 만들고, 일부 주에서는 학교에서 성경을 가르치지 못하게 개정을 했다. 심지어 길에서 전도하는 것도 타 종교에 대한 압박이라고 규정하며 금지시킨 주도 있다.

최근에는 그리스도에게만 구원이 있다고 주장하는 자들을 B급 테러 위험자라고 규정하는 주도 있다.

미국은 청교도들이 신앙의 자유를 찾아 태풍을 뚫고 가 목숨을 걸고 터전을 세운 나라다. 자신의 집보다도 우선해서 교회를 지었으며, 그 후에는 학교를 짓고, 그 다음에야 자신들의 집을 세운 기독교 국가다. 그들은 자신의 자녀들을 하나님 말씀 아래 키우려고 대학을 세우고 헌법을 만들었으며 독립전쟁을 통해 미국의 주춧돌을 놓았다.

그리고 그 신앙을 우리에게도 전해 주어, 한국도 그 신앙의 뿌리 위에 1천만 기독교인이 사는 국가가 되었다. 신앙을 전수받은 우리는 축복을 받아, 한국전쟁의 폐허 속에서도 민주주의를 안착시키고 세계적인 경제 대국을 이루었다.

예전만 해도 '미국 사람'이라고 하면 가장 먼저 떠오르는 것은 '선교사'라는 이미지였다. 그러나 60여 년이 지난 오늘날, 세상은 너무나도 많이 변했다.

지금 미국의 주류 세계에도 마약을 하는 지식인층이 늘고 있고, 예수 이외에도 구원이 있다는 종교 다원주의가 널리 퍼져 있다. 예수님 외에 석가모니, 마호메트를 믿어도 천국에 갈 수 있다고 말한다. 천주교와 불교와 통일교가 모두 하나 되어 서로 전도하지 말고 하나이신 하나님 아래 한 가족이 되어 평화롭게 살자는 국제종교가 대세를 이루고 있다. 이것이 국제종교 운동이고 통일교의 교주 아들이 UN에서 열심히 활동하고 있다.

일부 기독교인들 중에서는 이것을 전파하는 단체가 바로 WCC(세계교회협의회)라고 주장한다. 따라서 이 단체의 세계대회가 2014년 부산에서 열릴 예정이다. 이것으로 인해 이를 지지하는 교단과 보수파 교단 사이에 열띤 다툼이 계속되고 있다.

예수 그리스도 이외에 구원이 있다고 하면 우리가 지금껏 믿고 있던 성경을 처음부터 다시 배워야 한다. 우리가 믿는 구속론, 기독론의 신학은 바뀌어야 하고 신약성경의 대부분을 바꿔 번역해야 한다. 우리가 믿고 따르는 분은 예수 그리스도 뿐이고, 이 길이 진리라고 확신하며, 그리스도를 통해서만 하나님께 갈 수 있다는 믿음을 바꿔야 할 때가 됐다.

개인적인 신앙을 이야기 하라고 한다면 난 도저히 이 부분을 양보할 수 없다. 그러나 국제종교라고 만들고 있는 다원론에 동조하는 천주교와 많은 자유신학자들이 있다. 이 물결은 너무나도 거세다. 앞으로는 정통종교와 국제종교 중 하나를 택해야 하는 시대가 온다고 말씀하시는 목사님도 있다. 결국 정통종교를 붙잡고 가는 신도와, 인류의 평화와 행복을 위한 다원주의 국제종교를 신봉하는 세력 간에 싸움이 불가피하다고 이야기하는 신학자들도 있다.

이제 미국에서는 정통복음주의신앙이 박해 받는 시대가 올지

모른다는 우려마저 든다. 세계적으로 정통보수신앙을 유지하고 있는 나라가 한국 이외에도 있을까 하는 생각도 든다. 그러나 아직도 미국에는 정말 신실한 정통복음주의신앙인이 많다. 다만 힘이 부족할 뿐이라는 것이 나의 견해다.

'하나님, 우리를 진리로부터 벗어나지 않게 지켜 주시옵시고, 그리스도 이외에는 구원이 없다는 고백을 내 입술에서 빼앗아 가지 못하게 사탄으로부터 지켜 주시옵소서!'

오늘 내가 한 기도내용이다.

행위와 믿음과 구원에 관한 이야기

천주교, 유대교, 기독교. 이 세 종교는 비슷하지만 전혀 다른 구원관을 갖고 있다.

첫째는 구원의 근본이다. 기독교는 구원의 근본이 오직 믿음이라고 가르친다. 천주교는 믿음보다 행위에 대해 더 강조하고 있으며, 유대교 또한 행위에 근본을 두고 있다. 그래서 유대교의 경우는 우리가 세상을 떠날 때에 모든 것을 갖고 갈 수는 없지만, 자신이 일생동안 행한 자선을 천국에 가져간다고 믿고 있어 자선을 일생의 제일 중요한 것으로 여기고 있다.

천주교 역시 자선과 구제 섬김을 강조하고 있다. 나는 장로교 모태신앙인이라 오직 믿음으로 구원을 받는다는 생각을 갖고 있었다. 그래서 목사님이 말씀하시는 '교회만 잘 나오고 세례만 받으면 천당에 간다.' 는 것을 기초라고 생각했다.

나는 이것이 믿음이라고 생각하고 나는 아주 믿음이 좋은 사람이라고 생각했는데, 이것에 대한 의심이 생기기 시작했다.

정말 교회만 잘 출석하고 헌금만 잘 내면 내가 구원을 받을 수 있는 것일까 고민했다. 어느 목사님에게 여쭤 봐도 걱정 말라는 답만 돌아왔다. 정말 그럴까? 내가 정말 믿음이 있는 것일까? 무언지 아닌 것 같은 생각이 드나 확실치 않았다.

그러던 중 야고보서를 보고 또 한 번 고민하기 시작했다. '사람이 믿음이 있다 하고 행함이 없으면 무슨 유익이 있으리오. 그 믿음이 능히 자기를 구원하겠느냐'는 구절이었다.

성경을 더 읽어보니 '네가 하나님은 한 분이신 줄을 믿느냐. 잘 하였도다, 귀신들도 믿고 떠느니라.'는 말씀이 있었다. 이를 보니 믿음만 가지고는 구원을 받을 수 없다는 야고보 사도의 말 뜻을 이해할 수 있었다.

'영혼 없는 몸이 죽은 것 같이, 행함이 없는 믿음은 죽은 것'이라는 말씀을 읽고 믿음과 행위와 구원에 대한 것들을 정리해 보았다. 교회만 나간다고 믿는 것이 아니며, 그것은 자신의 생각일 뿐 실제로 믿음이 있는 것은 아니라는 생각이 들었다. 믿음이 있으면 그 믿음이 좋은 행위를 하게끔 인도한다는 이야기다. 또한 인간 스스로 선하다고 생각하는 행위는 하나님 보시기에 의

미가 없는 행위라는 결론을 냈다.

믿음에 의한 행위는 하나님의 뜻에 의한 행위이므로 구원에 이르고, 천주교와 유대교에서 이야기하는 자선과 섬김의 행위는 인간적인 판단에 의한 행위이므로 과연 구원에 이를 수 있을 것인지 나름대로 정리하게 되었다.

내 생각이 완벽한 것인지는 모른다. 그러나 이론이나 의견을 정리하면 이 논법은 이치가 맞는다. 인간적인 선한 행위와 하나님이 인정하시는 선한 행위는 완전히 다른 것이다.

이것이 바로 인본주의적 판단과 신본주의적 판단의 차이점이다. 하나님 이외에 어떤 것도 선한 것이 없다는 예수님의 말씀을 기억해 낼 수 있었다.

이 글을 읽는 여러분들도 각 자 판단을 하고 나름대로 구원에 대한 바른 인식과 정의를 갖게 되길 바라는 마음이다.

성서를 금서(禁書)로 정했던 역사적 이유는 무엇인가?

로마의 콘스탄틴 대제가 AD 313년에 기독교로 개종한 사건은 당시 박해를 받던 기독교인들에겐 엄청난 변화를 가져왔다. 그동안 핍박을 당하던 교회 지도자들이 황제의 인정을 받고 후한 봉급까지 받게 되니 이교도(異教徒) 사제들도 기독교로 함께 개종하게 되었다. 그러나 이 사제들이 개종한 것은 시대의 흐름에 의한 형식적인 개종이지 실제적인 개종은 아니었다.

그들은 예전에 갖던 다신교의 사상과 가치를 버리지 않고 갖고 있었다. 따라서 이들의 생각이 기독교에 유입되는 결과가 된 것이다. 이들로 인해 초대 교회의 신실한 성도들은 크게 실망하고 일부는 교회를 떠나기도 했다. 심지어 요한계시록에 예언된 적그리스도가 로마 교회의 교황이라는 유언비어까지 난무하는 결과를 낳았다. 로마 교회는 상황이 심각해지자 이를 묵과하지 않고 요한계시록을 읽지 못하게 했으며 읽는 이들을 박해했다. 그러자 이들은 박해를 피해 사막으로 또 산 속으로 피신해 생활하게 된다. 그 흔적들이 지금까지 유적으로 많이 남아 있다.

로마 교회는 처음엔 성경 모두를 금서로 정하지 않았다. 대신 가톨릭의 교리와 신조를 교인들에게 교육했다. 또한 사제 중심의 교회로 구조 개편을 하기 위해 성례(聖禮)주의를 강조했던 것이다. 그런데 교회가 점차 세속화되면서 타락한 교회를 떠나 경건을 유지하려는 시도가 수도원 운동으로 나타나게 된 것으로 역사가들은 평가한다.

여기서 우리는 프랑스 리용에 살던 부자 피터 왈드의 삶을 자세히 살펴볼 필요가 있다. 그는 성경의 말씀을 추구하면서 반교회적인 운동을 전개했다. 그는 성경을 읽고 개종한 후, 성경대로 믿고 살 것을 주장하는 운동을 전개했다. 교회의 부정, 부패의 원인은 말씀에 대한 무지에서 기인된다고 생각한 그는 자신의 모든 재산을 아낌없이 팔아 성경을 번역하고 보급하는 데 인생을 걸었다.

왈도를 따르는 무리가 점점 많아지면서 이에 크게 위협을 느낀 천주교회는 1229년 발렌시아 공의회에서 회의를 열어 왈도파를 이단으로 정죄했다. 그리고 성경을 평신도나 하층의 성직자가 읽을 수 없도록 금서로 지정해 버리고 말았다.

그래서 13세기 후의 성도들은 성경 없이 기독교를 믿어야 하는 상황이 됐다. 무지와 미신이 왕 노릇하는 시대가 되었고, '무지는 헌신의 어머니'라는 격언이 퍼졌다. 이에 따라 성자숭배나 성물숭배 같은 미신이 판치는 사회가 되었다. 왈도 파는 계속 박해를 받았고, 결국 약 100만 명이 순교를 당하는 역사적인 큰 사건이 벌어졌다.

이 왈도 파의 신앙사상은 성경으로 돌아가 그리스도를 신앙의 중심으로 삼고 사도의 교훈을 따라야 하며, 인위적인 가톨릭 신조를 거부하고 평신도들에게도 성경에 따라 복음을 전파할 권리가 있다는 내용이 주류를 이룬다. 또 설교하는 것을 의무로 삼고 연옥과 같은 교리, 죽은 자를 위한 기도, 미사를 부정했다. 가톨릭이 정한 성탄절, 금식일 등도 부정하고, 성인, 성상, 성물, 십자가 등을 경배에서 배격하며, 특히 마리아 숭배 교리를 인정하지 않았다.

이 왈도 파의 영향은 충성스러움, 깨끗한 마음, 성경에 대한 순종으로 뒤에 이어진 후스 파의 길을 닦아준 셈이 됐다. 또 마틴 루터가 일으킨 종교 개혁의 선봉이 되었음을 부인할 수 없다.

루터의 종교 개혁은 영적으로 방황하던 루터에게 비텐베르크의 대학에서 성경을 가르칠 수 있도록 한 수도원장의 허락에서 비

롯되었다. 그는 수도원에서 시편을 연구할 수 있었는데, 22편의 말씀이 바로 메시아에 대해서 예언하고 있는 말씀임을 알았다.

루터는 전통에 기초한 교회의 권위를 부정하고 오직 성경의 권위만을 강조했다. 교황의 권위는 성경의 권위로 대체되어야 한다고 주장했다. 그리고 성경을 번역해 발간하고 모든 성도가 읽을 수 있도록 하는 획기적인 종교개혁을 했다. 결국 이 종교개혁으로 오늘날 우리가 성경을 자유롭게 읽을 수 있는 행복을 갖게 된 것이다.

나는 크리스천의 한 사람으로 성경을 마음껏 읽을 수 있는 자유로운 시대에 살고 있는 것이 참으로 감사하다. 성경은 기독교인의 신앙을 성장시키는 자양분이자 하나님과 교통할 수 있는 영적 통로라고 생각한다.

한 때 종교권력에 의해 금서로 지정될 수밖에 없었던 성경. 그러나 이제 성경을 마음껏 읽을 수 있게 된 것은 목숨을 내놓고 저항하다 순교당한 수많은 신앙선배들의 노력이 있었음을 기억해야 할 것이다.그리고 종교가 권력과 결탁할 때 부패로 이어지고 그 결과 수많은 사람들을 구원이 아닌 타락과 절망으로 몰고 가게 된다는 사실을 역사적 교훈으로 삼아야 할 것이다.

JOB과 CALLING

　직업을 뜻하는 영문 단어가 두 가지 있다. 잡(JOB)이라는 단어에는 '밥 한 술'이라는 뜻이 있으며, 콜링(CALLING)이라는 단어에는 '소명'이라는 뜻도 있다.

　밥 한 술을 위해 매일 고생하며 일하는 고단한 사람이 있고, 내가 하는 일을 통해 하나님이 원하시는 소명을 다 한다는 생각을 갖고 자신의 직업에 충실한 사람이 있다.

　청교도들은 대장장이건 목수건 자신의 일이 교회의 목사와 같은 성직이라고 여기고 직업의 귀천 없이 충실히 임했다. 그들은 정직하고 근면했다. 재물이란 하나님의 것을 자신이 잠시 보관했다가 주님이 원하시는 곳에 쓰는 것으로 여기고 이를 생의 목표로 삼았다. 이것이 바로 청지기 정신이다.

　불교에서도 깨달은 사람을 가리켜 보살이라 하고, 직업을 통

해 남에게 도움을 주는 것을 기쁨으로 받아들인다.

기업인이 사업을 통해 얻은 재물을 하나님의 나라와 그 영광을 위해 쓴다면 정말 보람 있는 일이다. 자신의 지식과 건강, 모든 것을 소명 의식을 갖고 쓸 수 있다면 정말 보람 있는 인생을 살 수 있다는 생각이 든다.

기업에서도 CSR(기업의 사회적 책임)이라는 기업 윤리가 강조되고 있다. 기업이 이윤만 창출하는 것에서 더 나아가 기업을 통해 사회에 공헌하는 것도 매우 중요하다는 것이다. 사회 공헌 기업만이 기업의 수명을 오래 지속할 수 있다는 것이 현대 경영의 중요한 요소가 되고 있다.

그래서 많은 기업이 요즘은 나눔운동에 앞장서고 NGO들을 대폭 지원함으로 기업의 사회적 책임을 다하고 있다. 참으로 바람직한 일이 아닐 수 없다.

성직자는 밥 한 술을 뜻하는 직업이 아닌 소명 의식을 갖고 목회를 하며, 성도들도 하나님이 주신 탤런트대로 소명 의식을 갖고 세상에서 빛과 소금의 역할을 할 때 하나님의 나라가 이 땅에 임할 것이라는 생각이 든다.

미국의 대각성 운동과 한국교회의 오늘

18세기 초 미국에서 일어난 1차 대각성 운동은 조나단 에드워즈(Jonathan Edwards) 등에 의해 일어난 대대적인 기도운동이다. 하나님이 미국을 향해 특별한 계획을 갖고 계시다는 공통된 믿음으로, 사람들을 하나로 묶는 데 큰 역할을 했고 이 운동은 미국이 기독교 국가로서 세계 선교의 중심국가가 되는 계기를 만들었다.

그 당시 미국의 종교 생활은 제네바의 칼빈주의 같은 모습을 띠고 있었다. 즉 겉으로 드러나는 형식적인 종교생활이 개인적인 종교적 경험이 존중되었다. 당시 이 운동은 신앙적으로는 하나의 반란이었다고 볼 수 있다. 특히 회개를 요구하고 중요시하는 갱신운동은 그리스도인의 삶의 품성 자체에 관해 기존의 종교적 이념들에 도전하는 운동이었다.

이 때 미국은 개인의 영적 기강이 전반적으로 문란해져 있을 때였다. 돌이켜 잘 살펴보면 지금의 우리 한국교회 형편과 같은 것이 아닐까 생각된다. 교인은 많고 신앙생활은 모두 잘한다고 하지만 생활과 삶, 인격에서 그리스도의 향기와 영성이 살아 움직이지 않는 것처럼 말이다.

19세기 전반기에 일어난 제2차 대각성 운동은 교인들에게 그리스도를 위해 결단하도록 하는 데 집중함으로써 부흥을 일으키게 한 것이 특징이다. 특히 어린 아이들에 대한 종교 교육에 중요성을 두었고, 양육의 본거지를 가정으로 하였다. 적절한 교육과 책임 있는 기독교 가정이야말로 그리스도인의 삶을 견고히 할 수 있는 가장 좋은 기회라고 보았다.

이 때 평신도 성경 교사를 위한 훈련 프로그램이 등장했고, 폭넓은 교육 원리를 활용하여 성경 교육을 강화했으며, 이는 곧 성인 교육의 선구자 역할을 했다. 이런 성경교육을 바탕으로 기독교는 질적으로 풍성하게 성장할 수 있었다.

이런 건실한 교육은 무디(Dwight Lyman Moody)와 같은 기독교 지도자를 길러냈고 또 그 역시 기독교 교육의 최일선에서 교육에 힘썼다. 무디는 성경 학교 운동을 펼쳐 평신도들이 기본적인 신학 교육을 받을 수 있게 했으며, 하나님을 충성스럽게 섬길 수 있도록 힘을 실어 주었다.

무디는 처음에 구두 판매원으로 시작해 놀라운 복음전도자가 되었다. 그로 인해 유명한 시카고교회가 설립되고 무디 성경 학교도 세워졌다. 지금도 시카고에 가면 이 교회와 성경학교가 명소가 되어 크리스천이라면 한 번씩 꼭 들리곤 한다. 무디는 또 놀라운 전도집회자로 그리스도의 복음을 곳곳에 전파했다. 그는 기독교인의 헌신을 강조하고 감정주의를 거부했으며 하나님의 사랑을 강조했다. 또 집회에서 나온 헌금을 개인적으로 이용하자 않고 모두 학교에 기부했다. 또한 많은 찬송가들을 동역자인 생키(Ira David Sankey)와 함께 작사, 작곡했다.

이와 같은 제 2차 대각성 운동은 교회의 여성들을 가정 밖의 사역과 훈련에 참여케 했으며, 여성 신학교가 생겨나고 여성들이 정식 교육을 받을 수 있도록 기회를 주었다. 선교에 여성이 참여할 수 있도록 길을 연 셈이다.

이처럼 18세기와 19세기에 일어난 영적 대각성 운동은 미국의 정치 질서와 기독교인의 생활에 지대한 영향을 미치게 되었음을 알 수 있다. 오늘의 한국교회도 여러 어려운 환경에 직면하고 있다. 교회의 되물림, 교회 재정의 투명성, 목회자의 세속화 등이 거론되고 문제화 되면서 교인들의 신뢰가 떨어지고 이로 인해 기

독교인의 수가 점점 줄어들고 있다는 통계가 나오고 있다.

바로 이 때야 말로 미국의 1, 2차 영적각성운동처럼 한국에도 영적 부흥 운동이 절실히 요구된다. 여러 가지로 부족한 부분도 있지만 필자는 요즘 갈렙바이블아카데미(Caleb Bible Academy)를 만들어 평신도들에게 신학 교육을 하는 자그마한 운동을 펼치고 있다. 주로 복음주의 신학자들이 중심이 되어 강의를 하고 있는데, 너무나도 진지하게 공부하는 평신도들의 열심이 아카데미를 이끌어가는 어려움을 잊게 해 주고 있다.

이런 신앙의 열정들이 모이면 파워가 나오고 복음전파와 선교가 이어질 것이다. 이런 점에서 한국교회는 외면적인 부분 보다 내면을 보충하고 가꾸는데 신경을 써야 할 것이다.

미국에서 서서히 활용되기 시작한 베리칩(VeriChip)은 많은 교인들에게 종말론적 두려움을 안겨주고 있다. 여기에 대해 시각차도 많이 있지만 분명한 것은 우리가 성경을 바로 알고 시험의 때를 이길 확실한 성경 지식과 믿음이 요구된다는 사실이다. 성경을 바로 알고, 세대를 바로 읽고, 하나님이 나에게 요구하시는 것이 무엇인지를 확인하고 그 사명을 이루어 나가야 할 때가 된 것 같다.

이제 신앙은 화평과 평화의 시대를 지나 마지막 때로 향하고 있어, 보다 강한 믿음을 요구한다는 생각이 든다. 경우에 따라서는 로마 시대의 종교 박해도 생각해 보고, 신앙의 절개를 위해 목숨이라도 바칠 각오가 되어 있는지 스스로 확인해 보아야 할 것이다.

마지막 때에 믿는 자를 보겠느냐는 주님의 말씀을 생각해 보았으면 한다.

오늘도 회사출근을 하면서 "주님, 저희에게 시험의 때를 이길 신앙과 믿음을 주시옵소서!"라고 조용히 기도해 본다.

4장

·

하나님이 원하시는
일에

성탄(聖誕)이 없는 성탄절

　우리 회사는 매년 12월 25일 성탄절을 앞두고 이를 기념하기 위한 장식을 한다. 올해도 크리스마스트리를 준비해 나름대로 멋지게 만들어 세웠다. 직원들도 기뻐하고 회사에서 연말 분위기가 난다고들 했다.

　그런데 멋있게 세워진 성탄트리를 바라보다 보니 제일 중요한 '성탄' 이라는 글자가 빠져 있었다. 나는 바로 총무팀 직원에게 '성탄' 이라는 글자를 붙이라고 지시했다. 크리스마스트리 그 자체는 하나의 장식물에 불과하다. 아기예수의 탄생이 하나님께서 인류를 구원하기 위한 구속사의 첫 시작이기에 성탄의 의미가 큰 것이고 또 그것을 기념하고자 하는 것이기에 '축 성탄' 이라는 글자를 붙이도록 한 것이다.

　그런데 이해할 수 없는 일이 발생했다. 내게 지시를 받은 직원이 며칠에 걸쳐 크리스마스트리에 붙일 '성탄'이라는 글자를 사기 위해 반포 일대와 남대문 일대를 돌아다녔으나 없었다고 한다. 도저히 구할 수가 없어 붙이지 못했다는 답이 돌아왔다.

나는 이 사실이 도저히 믿어지지 않았다. 그래서 내가 크리스마스 장식을 전문적으로 파는 강남 고속터미널 상점을 직접 돌아봤다. 그런데 정말로 '성탄'이라는 글자는 찾아볼 수 없었다. 다른 장식품들은 새롭고 화려한 것으로 상점마다 넘쳐났다.

성탄이 없는 성탄절. 이것이 요즘의 세태를 그대로 반영해 주는 것이라 여겨진다. 교회나 성당 등 모든 건물에 산타는 있어도 예수님의 탄생을 축하하는 글귀는 이처럼 사라져 버린 것이다.

참으로 안타깝고 부끄러운 일이다. 즉 겉은 멀쩡하나 속은 비어버린 것과 다를 바가 없다. 언젠가 일본에 갔을 때, 아주 멋있는 교회당을 보고 감격했던 적이 있었다. 이렇게 교회를 예술적으로 잘 지었느냐고 감탄했다. 그러나 알고 보니 그 곳은 교회 건물만 있고 교인은 전혀 없는 예식장이라고 했다. 교회에서 멋진 사진을 찍고 경건해 보이라고 상술로 만든 예식장이었던 것이다.

유럽도 비슷했다. 멋있는 성당과 교회는 많은데 교인은 없고 관광객만 넘쳐나는 광경을 보고 실망을 금치 못했다. 이처럼 성탄의 주인은 없고 하객만 넘치는 한국 교회를 보니 안타깝기 그지없다.

또 어떤 기독교단체에서는 이웃 종교들을 성탄 축하 예배에 초청한다고 한다. 불교의 스님과 천주교의 신부님들이 온다고 한다. 참으로 너그럽고 포용력을 가진 것처럼 보인다. 그러나 이것이 종교다원주의적 신학 배경에서 나온 것이 아닌지 모르겠다.

예수님 없이는 구원도 없다고 말씀하시는 분들이 이런 모습을 보이는 것은 내 생각으론 앞뒤가 맞지 않는 것 같아 보인다. 세계 평화를 위하여 모든 종교가 협력하고 함께 가자고 한다. 그리고 모든 종교에 구원이 있다고 말하기도 한다. 또한, 예수님만이 구원에 이를 수 있다고 이야기하는 신앙인은 꽉 막인 신앙인으로 대접받기도 한다.

나는 개인적으로 예수님을 빼고 함께 가자는 구호는, 평화와 섬김이라는 그럴 듯한 메시지에 우리가 현혹되는 것이라 생각된다. 우리 신앙의 정체성을 확실히 하지 않으면 우리가 어디로 가는지 모르는 세상이 되었음을 자각할 필요가 있다.

내가 자주 이야기하는 배리칩 시행이 멀지 않았다. 한국교회가 이 사실을 어떻게 받아들일지 궁금하지만 말세에 이마나

종교인과 신앙인

손에 짐승의 표를 받는다는 성경말씀이 분명히 있다. 나는 이 베리칩이 짐승의 표가 아닌가 여겨져 여러 목사님께 질문을 해 보지만 아직 여기에 대해 명쾌한 해답을 내놓는 분을 보지 못했다.

오히려 베리칩이 짐승의 표라고 이야기하는 것은 무리라는 대답이 더 많은 것 같다. 누구를 믿고 올바른 판단과 신앙생활을 해야 하는가를 잠시 고민해 보았다. 그래서 요한계시록을 계속 더 공부하고 있다. 그래서 성경 말씀을 더 공부하고 싶다.

예수님 없는 교회가 요즘 늘고 있다. 그리고 예수님을 믿지 않는 목회자가 늘고 있다고 한탄하시는 어느 목사님의 말씀이 생각난다. 신앙이 없는 이 때, 자신의 신앙을 확실히 지킬 믿음을 위해 더욱 더 기도하고 말씀에 매달려야 할 것이다.

지금의 시대적 때는 저녁 11시 가까이 된 것 같다는 생각이 든다. "주여. 주님을 배반하지 않는 믿음과 시험의 때를 이길 신앙을 주시옵소서." 성탄절을 앞둔 이 때 성령이 함께 하심을 간절히 구하며 조용히 기도해 본다.

강화도 교회가 주는 교훈

갈렙아카데미에서 국내 성지순례를 떠났다. 장소는 강화도 교산교회였다. 강화도를 돌아보면서 선교역사를 더듬어 보는 시간을 갖고자 마련된 것이었다.

역사를 한번 더듬어 보자. 미국 감리교선교부는 강화지역 담임으로 존스 선교사를 임명하고 인천내리교회를 담임케 하였다. 존스 목사는 인접도서인 강화도에서도 선교를 시작했으나 그 지역유지인 김상임이라는 유학자의 결사적인 반대에 부딪쳐 한 명도 전도할 수 없었다.

김상임은 강화출신으로 16세에 과거를 보아 합격한 준재(俊才)로서 성균관에서 수학하고 초시에 합격한 이름 있는 양반이었고 강화의 대지주였다. 명망도 있고 존경도 받았기에 그의 도움이 없이는 선교가 불가능했다. 그런데 이 분이 반대를 하니 선교는 정말 어려운 실정이었다.

그 무렵 술집을 하면서 내리교회에 출석하고 있던 이승환이란 인물이 있었는데 아주 열심이 있는 교인이었다. 예수님을 믿고 확신을 가지니 강화도 고향에 계신 어머니도 예수를 믿도록 하고 싶었고 직접 전도도 하였다. 그 결과 어머니가 믿음이 생기자 존스목사님에게 세례받기를 원했다.

그러나 김상임이 반대를 하니 이승환은 한밤중에 어머니를 업고 갯벌을 지나 존스 목사가 타고 온 배로 가서 세례를 받게 했다. 이것이 바로 한국 선교 초기의 선상세례였다.

그 후 존스 목사는 전도사를 보내 이승환의 집을 거점으로 4-5명이 모여 예배를 드리도록 하였다. 이것이 강화도 최초의 감리교회인 교산교회의 시작이었다. 지금도 아담한 교산교회가 강화도에 옛 전통을 자랑하며 예배드리고 있다.

이 교산교회의 열심과 올바른 기독교인의 행실에 감명 받은 김상임도 결국 기독교로 개종하게 되었다. 그의 개종은 문중뿐 아니라 강화전 지역의 복음화의 결정적 계기가 되었다. 김상임의 개종은 부녀자나 천민들을 천시하던 주민들의 생각을 바꿔놓은 계기가 되었고 강화지역 지도급 인사들이 연이어 개종해 강화 전 지역으로 복음을 확장시키는 초석이 되었다.

복음 확장 초석

개종

이 때 강화지역 전유생이 김상임에게 개종한 것을 항의하고 규탄하는 자리에서 그들에게 오히려 전도하는 계기를 만들었고 이 유생들이 기독교인이 되는 특이한 일도 있었다고 한다. 아마 성령의 역사가 강하게 역사하신 사건이라는 생각이 든다.

현재 강화도에는 120여개의 감리교회를 포함해 170개의 교회가 있는 성시화의 좋은 사례가 되고 있다. 그 선교의 역사가 그 어느 곳 보다 기독교가 뿌리를 내린 복음화의 고장이 된 것이다.

인천 내리교회가 주축이 된 하와이 이민 역사도 정말 독립운동사에 길이 남는다. 하와이로 이민간 교인들은 사탕수수밭에서 일하면서 일당 30센트를 받으면서 이승만 등 독립운동가를 도와주었고 독립기금으로 임시정부에 독립자금을 지원했다. 한국 근대사에 정말 뿌듯한 역할을 한 것이다.

이 모든 것이 하나님께서 천한 자, 낮은 자들을 들어 귀하게 쓰신 것을 알 수 있고 이 귀한 자들을 들어 또 큰일을 하게 하신 것을 알 수 있다.

우리가 재물을 모으느라 분주하고 많이 모았으나 그 돈은 누가 쓸지는 모른다. 우리가 재능과 능력으로 높은 자리에 올랐으나 언제 없어질지도 모른다. 모두 그림자와 같다는 성경말씀이 생각난다.

다만 우리의 소망을 하나님께 두고 하나님이 기뻐하시는 일을 한다면 정말 보람 있는 삶을 살고 있다는 확신이 든다. 강화도 곳곳의 신앙유적지를 둘러보면서 "하나님 저희도 하나님이 원하시는 일에 기쁘게 사용되게 하여 주옵소서"라는 기도를 드린 의미 있는 하루였다.

신년과 축복기도

　신년이 되면 교회마다 복을 받으라는 내용의 설교가 이어지고 사찰마다 복을 받기 위한 불공을 드리는 신도들로 가득 메워진다. 우리가 생각하는 복은 금년에 돈 잘 벌고, 무병장수하고 취직하게 달라고 하는 그런 류의 복이다.

　그러나 하나님께서 우리에게 주시는 복의 개념은 그것과는 전혀 다른 차원의 복이다. 크리스천들은 이 사실을 분명히 깨달아야 한다. 예수 그리스도를 믿는 것이 바로 복이다.

　복의 근원이신 그리스도를 믿으면 우리가 하나님의 자녀가 되는 복을 주시고 하나님의 자녀가 되면 하나님이 우리에게 하나님의 기업을 주시고 자녀의 권세를 주신다. 그러면 물질의 복, 건강의 복은 기본으로 우리에게 오는 것이다.

　이 큰 복을 우리가 받게 되는 것이 얼마나 행복한 일인가! 신년에 헌금을 많이 하면 복 많이 주신다는 설교는 이제는 교인들에게는 낯선 이야기가 되었다. 그만큼 교인의 신앙수준이 높아졌다.

목사님께 순종하면 복 받는다는 설교도 순종해야 될 대상은 목사인 내가 아니고 하나님 한 분이라는 어느 대형교회 목사님의 설교도 기억에 남는다.

목회자도 예수님 닮은 인격과 함께 신앙의 체험을 통해 깨닫고 실천하는 고귀한 모습을 보이지 않으면 성도들에게 감동을 주지 못한다. 특히 전도하는 방법도 교회에 가자는 말보다 성령의 도우심과 동행하심을 이야기하면 많은 사람이 신자가 되는 것을 경험하게 된다.

성령의 인도하심을 부끄럽지 않게 증언할 수 있다면 많은 사람이 예수님께 돌아올 수 있다는 생각이 들었다. 이렇게 담대하게 예수님을 시인할 수 있는 복도 정말 큰 복이다.

요즘 일부 기독교인 중에서 "나는 교회 잘 안 나가지만 우리 집사람은 열심입니다." 라고 이야기하는 기독교인을 만날 때 예수님이 얼마나 슬퍼하실까 생각해 보았다. 당당하게 나는 예수님을 잘 믿고 그분의 뜻대로 살기를 원하는 사람이라고 이야기할 수 있는 복이 모든 성도들에게 임하기를 기도해 본다. 그래서

예수 그리스도의 뜻에 따라 당신을 돕는다는 이야기를 당당히 할 수 있는 복도 받기를 원한다.

그리하면 너그러우시고 풍성하신 하나님께서 우리를 세상의 복과 악으로부터 철저히 지켜주시리라 확신한다. 하나님은 그 자녀들을 그냥 버려두지 아니하시고 눈동자같이 보호해주시고 인도해 주실 것이다.

우리는 새해를 시작하거나 무엇을 할 때 하나님에게 복을 달라고 하는 것이 기복신앙이 될 수 있음을 인지하고 복에 대한 개념을 새롭게 이해했으면 한다.

다시 한 번 말하지만 예수 그리스도를 믿는 것이 바로 복이고 이를 통해 세상을 다스리는 능력과 권세를 받고 물질과 건강이 이어진다는 사실을 다시 한 번 강조하고 싶다.

"하나님 이러한 복을 금년에 우리 모두에게 허락하옵소서"라고 간절히 기도를 드린다.

나도 같이 데려가 주세요

누가 내게 미국을 방문해 제일 감명 깊었던 것이 무엇이냐고 물으면 서슴없이 대답하는 것이 있다.

샌프란시스코의 어느 조그만 공원에서 산책 중이던 허름한 차림의 미국 부인을 만난 적이 있다. 그녀는 한국 어린이 두 명을 데리고 있었다.

이 남루한 차림의 백인 여인은 양자로 받아들인 어린 아이들을 매우 사랑스럽게 돌보고 있었다. 나는 이 광경을 보며 깊은 감명을 받았다. '이래서 미국은 복을 받는구나!' 하는 생각이 들었다.

지금부터 내가 하려는 이야기도 이와 비슷한 사례다. 한국의 명문 약대를 졸업하고 미국에서 박사 학위를 취득, 미국 회사에 다니며 본인이 세상에서 제일 잘난 줄 아는 어느 처녀가 있었다.

좋은 인물과 학벌로 코가 꽤나 높았던 그 여인은 어느 날 큰 교통사고를 당했고 죽음의 문턱에서 살아났다. 그녀는 자신의 교만함을 회개하고 하나님의 은혜를 깊이 체험한 후 겸손을 배웠다고 한다. 그래서인지 크게 내세울 것이 없는 평범한 목사님과 결혼을 했다.

하지만 결혼 후 아이가 생기지 않았고 갖은 방법을 동원해가며 노력했으나 불임을 벗어나지 못했다. 눈물로 하나님께 간구했으나 소식이 없었다고 한다.

그녀는 어느 날 나에게 찾아와 조심스럽게 양자를 들이는 것에 대해 상의를 해왔다. 나는 입양이 얼마나 어려운 일인지 아느냐고 반문했고 좀 더 생각해 보라고 답해 주었다.

그런데 몇 달이 지나고 나서 그녀가 남자 아이를 한 명 입양해 정성껏 키우는 모습을 보고 나는 적잖이 놀랐다. 원래 성격이 꽤나 까칠한 박사님이라 아이를 잘 키울 것이라고는 생각하지 못했는데 무척이나 정성스럽게 키우고 있는 것이었다. 그제야 나는 대견하다는 생각이 들어 흐뭇해졌다. 그러던 어느 날 이번에는 여자 아이를 또 입양했다. 우유병을 들고 다니며 아이를 챙기느라 고생을 했다.

지금은 두 아이가 많이 컸다. 그녀는 만나는 사람마다 아이들

이야기를 한다. 휴대전화에 저장해 놓은 아이들 사진을 보여주며 아이 자랑에 푹 빠진다. 농담 삼아 '자랑하려면 들어주는 대가로 만 원 씩 내라'고 핀잔을 주어도, 그녀의 얼굴에는 행복한 표정이 역력하다.

그러던 어느 주일, 그녀는 사색이 되어 나타났다. 어린 딸이 심한 열병에 걸려 며칠째 병원에 다니고 있으나 열이 떨어지지 않는다는 것이다. 걱정을 어찌나 하는지 곁에서 보기 딱할 지경이었다. 나는 그녀에게 '하나님이 지켜주실 테니 너무 안달하지 말라'며 '목사 부인이 그만한 믿음도 없냐?'고 말했다.

그러나 그 다음 주일이 되어도 아이의 병세는 나아지지 않았고 오히려 더욱 심해졌다. 그녀는 교회도 나가지 않고 오직 아이 곁을 지켰다. 그리고 하나님과 담판을 짓기로 마음먹었다.

나중에 그녀에게 들은 바로는, 그녀가 '하나님, 내 아이가 잘못 되면 나도 함께 죽여주세요.'라고 대들듯이 하나님께 기도를 했다고 한다. 원래의 그 까칠한 성격으로 돌아가 하나님께 간구했다고 한다.

그런데 아이의 열은 놀랍게도 뚝 떨어져 정상으로 돌아왔다. 지금은 아이가 건강하다며 기적을 경험했다는 그녀의 말에, '목숨을 내놓고 사랑하는 사람을 위해 드리는 기도는 하나님께 상

달되는 기도'라는 생각이 들었다. 또한, 하나님의 마음을 움직이는 기도는 남을 사랑하는 중보기도라는 생각이 들었다.

하나님께서 우리를 사랑하시듯 우리도 누군가에게 사랑을 베풀면 하나님께서 기뻐하실 것이라는 생각이 든다.

그 분이 얼마나 딸을 위해 간절히 기도했을 것인가. 그것을 생각하면 우리를 위해 십자가에 달려 돌아가신 예수님의 사랑에 가슴이 뭉클해지지 않을 수 없다.

'하나님, 우리에게 사랑하는 마음을 주시옵소서. 남을 위해 안타깝게 기도할 수 있는 마음을 주시옵소서.' 라고 기도해 본다.

"십자가가 없다면 예수의 제자가 아니다"

　천주교의 최고 수장 프란치스코 교황이 첫 미사 강론에서 강조한 핵심 신앙 고백이 화제가 되고 있다. '십자가가 없으면 우리는 더 이상 예수님과 무슨 상관이 있겠느냐'는 강론으로 기독교의 핵심교리를 강조했다.

　그는 이 강론에서 '우리는 원하는 만큼 걸을 수 있고 많은 것을 건설할 수 있지만 우리가 예수 그리스도에 대한 신앙이 없다면 그저 인정 많은 NGO일 뿐 더 이상 그리스도의 신부인 교회가 아니다'라고 말했다.

　그의 메시지는 아주 짧고 단순하다. 기독교 복음을 실천할 것, 현대 물질의 유혹과 사상적 유혹을 피할 것, 교회가 세속적인 자선단체로 전락하지 말고 교회로서 본래 소임을 잊지 말 것을 강조했다. 그의 메시지는 복음을 담고 있다는 생각이다.

그는 또 우리가 십자가 없이 걸을 때, 십자가 없이 그리스도를 주라고 부를 때 우린 그의 제자라고 할 수 없으며, 다만 우리는 세속적인 인간이 될 뿐이라고 추기경들에게 강론했다.

이 모든 이야기들이 바로 형식과 전통을 중요하게 여기는 가톨릭에 대한 개신교 신학자들의 주장이었기에 그의 강론은 더욱 큰 의미를 지닌다.

기독교 역사를 뒤돌아보면 마르틴 루터는 이것을 위해 목숨을 걸고 종교 개혁을 단행했다. 그런데 이런 이야기를 새 교황이 첫 강론에서 이야기하신 것은 참으로 의아한 일이었다. 그리고 이것이 현 가톨릭에서 어떻게 받아들일지 무척 궁금하다는 생각도 들었다. 한편으로 새 교황에 대해 무척이나 존경스럽다는 마음도 갖지 않을 수 없었다.

지금 우리 기독교는 어떠한가. 강단에서 십자가를 강조하는 설교가 얼마나 있는가. 선교와 사회 정의를 외치고 사회 참여와 평화를 외치는 설교는 많아도 십자가, 회개, 믿음의 실천에 대한 설교는 전보다 많이 줄어들고 있지 않나 하는 우려의 목소리가 자주 나오고 있다.

어느 원로 목사님이 후임 목사님께 십자가 설교를 부탁했는데 아직 반응이 없다는 이야기가 새 교황의 강론을 접하고 나서 너무나도 뚜렷하게 생각났다.

우리는 지금 어디로 가고 있는가. 십자가 없이도 구원을 받을 수 있다는 신학과 인권 및 평화를 강조하는 기독교 단체에 대한 교황의 시각은 어떤지 한번 기다려 볼 때이다. 지금 미국은 동성애가 합법화되고, 거리에서 십자가를 전도하면 범법자로 고소되며, 이슬람교와 통일교를 비방하면 고소되는 법이 시행되고 있다.

그리스도만이 구원의 길이라고 외치는 신자들을 '정통보수 종교인'이라고 칭하고 위험인물로 간주되거나 경계 대상으로 삼기 때문에 노방전도가 어려워지고 있다는 미국 선교사들의 이야기가 새삼 실감나는 세태에 우리가 살고 있다.

현재 한국 국회의원 수십 명이 동성애를 허용하고 타 종교를 비방하지 못하는 등 미국과 비슷한 법안을 제출했다고 한다. 그 중 기독교인 국회의원도 포함되어 있다는 뉴스를 들었다. 지금 우리는 어디로 가고 있는가 하는 생각이 안타깝게 들었다.

최근 여차하면 전쟁을 일으키겠다는 소식이 북한으로부터 들리고, 엄청난 지진 소식은 아이티와 일본 등에서, 기근 소식은 아프리카와 북한에서 들린다.

이제 2020년 쯤 되면 세상 끝까지 복음이 전도되어 어디를 선교지로 선정해야 할 지 모르겠다는 세계 선교 단체들의 보고서

도 나오고 있다.

이제 크리스천들은 우리의 때가 언제인가를 스스로 점검하며 신앙생활에 더 집중해야 한다는 생각이다.

가톨릭 교황의 시의적절한 메시지처럼 '십자가와 믿음의 확신'이 없는 자는 주님의 제자라고 말할 수 없을 때가 온 것 같다.

이제 우리의 믿음을, 그리고 생각과 삶의 전부를 하나님께 향해야 될 때가 됐다는 생각이 든다.

무슨 일을 하던 십자가와 하나님의 뜻을 헤아리면서, 정신을 바짝 차리고 십자가 중심 하나님 중심의 목표로 향해 가지 않으면 예수님의 제자라고 말할 수 없다는 것을 우리의 고백으로 받아들이는 계기가 된다면 가톨릭과 기독교가 그동안의 반목을 씻고 서로 하나 되는 계기가 되리라 의심치 않는다.

'십자가 밑에서 신구교가 하나가 되는 종교일치'와 '세계 평화 밑에서 일치를 외치는 종교단체'의 거리는 땅과 하늘의 거리보다도 큰 차이를 보인다. 십자가 안에서 하나 되는 종교 연합과 일치야말로 하나님께서 바라시는 길이라는 확신이 든다.

곧 있으면 부활절이다. 기독교 복음에서 부활은 핵심이다. 부활신앙이 있기에 내세에 대한 확신과 소망을 갖고 오늘을 살아간다. 십자가 신앙으로 돌아가는 우리 모두가 되었으면 한다.

아론의 금송아지

성경 구약의 내용이다. 모세가 산에서 내려오는 것이 늦어지자 이스라엘 백성들이 아론에게 우리를 인도할 신을 만들라고 했다. 그러자 아론은 네 아내와 자녀의 귀에서 금고리를 빼어 가져오라고 지시하고 백성이 아론에게 오자 즉시 송아지 형상을 만들라고 말한다. 금송아지가 애굽땅에서 너희를 인도해낸 신이라고 말하고 내일은 여호와의 절일이라고 선언한다. 그리고 번제와 화목제를 드리고 먹고 마시고 뛰놀았다. 이 내용은 출애굽기 32장에 등장한다. 이 부분을 읽으면서 도저히 상식적으로 이해가 되지 않는다. 어떻게 이런 일이 가능한가를 생각해 보면서 현재 우리의 신앙생활과 견주어 생각하는 시간을 가졌다.

이스라엘 백성은 하나님의 능력을 홍해를 건너면서 경험했다. 특히 아론은 제사장이다. 어떻게 기다렸다는 듯이 백성과 똑같이 하나님을 배반하고 금송아지를 만들고 거짓으로 이 송아지가 하나님이라고 백성을 속이는가. 더구나 제사형식은 하나님 방법을 사용하여 애굽에서 우상숭배 하는 방법대로 먹고 마시고 뛰놀수 있다는 말인가. 아마 그들은 바알제사에서 흔히 있는 벌거벗고 혼잡한 성적 제사 방법을 사용했다는 학자들의 주장도 유추할 수 있다.

하나님을 배반하는데 제사장이 앞장서고 백성은 기꺼이 물질을 바쳐서 하나님이 제일 싫어하시는 우상을 만들고 이것이 하나님이라 모두 믿고 나가고 이것을 하나님과의 언약이 깨어지는 모습이 모세가 십계명이 적힌 돌판을 금송아지 위에 던질 때 이루어진다.

현재 우리 교회 모습은 어떠한가? 우리가 가고 있는 방향이 과연 하나님이 기뻐하실지 그리고 예수 그리스도 없이 구원이 있다는 종교 다원주의를 위해 많은 물질이 사용되고 있지는 않은지 생각해 볼 문제다.

하나님이 제일 싫어하시는 동성애자들의 후원금으로 헌금이 쓰이지 않나, 그리고 우리가 만든 인본주의적 신학을 전파하는데 쓰이고 있지 않나 하는 생각도 든다.

바벨탑 운동은 하나님에 대한 인간의 반역이다. 이제 제 2의

바벨탑 운동이 세계적으로 활발하게 전개되고 있다. 언어의 혼잡으로 실패한 것을 경험하여 인터넷이 언어를 하나로 만들고 있고 뛰놀던 음악이 록의 곡조를 빌려 교회에서 청년들에게 전파되고 있다.

황금만능의 금송아지의 역할을 물질 물량주의 교회에서 어떤 역할을 하고 있는지 한 번 쯤 생각해 보고 목회자도 아론의 모습과 비교해 보아야 될 때가 아닌가 생각해 본다.

그리고 인생의 모든 목표를 물질적인 것에 세워 놓고 이것이 하나님의 뜻이라고 생각하고 믿고 따르는 우리 신도들의 모습이 있다면 이 역시 다시 생각해 보아야겠다.

전능하신 하나님께 전적으로 의지하는 모세와 같은 믿음과 신앙을 간절히 간구해 본다.

동성애와 오바마, 그리고 소돔과 고모라

버락 오바마 미국 대통령이 자신의 재선 취임식에서 흑인 인권운동가 마틴 루터 킹 목사의 성경과 에이브러햄 링컨 전 대통령의 성경에 손을 얹고 취임 선서를 한다고 언론이 밝힌 적이 있다.

오바마 대통령은 링컨의 성경 위에 다시 킹 목사의 성경을 올려놓고 선서를 한 것이다. 2009년 오바마 1기 취임식에선 링컨의 성경만 사용됐다. 2기 취임식이 열리는 21일은 킹 목사 탄생 기념일이며, 킹 목사의 성경은 대통령 취임 선서에 처음 쓰이게 된다. 킹 목사 가족 대표는 "킹 목사가 이 사실을 알았다면 매우 감동했을 것"이라고 말했다.

미국 대통령이 성경에 한 손을 얹고 취임 선서를 하는 것은 법적 의무사항은 아니지만, 조지 워싱턴 초대 대통령의 전례에 따라

대다수가 성경을 사용했다. 빌 클린턴은 자신의 할머니가 준 성경을, 로널드 레이건은 어머니가 준 성경을 쓰는 등 개인의 신앙 이력이 담긴 성경이 많이 사용됐다. 지미 카터와 조지 H. W. 부시 등은 워싱턴 대통령의 성경을 썼다. 링컨은 선서 후 성경을 들어 보이며 "내가 대통령이 된 것은 이 성경 때문"이라고 말했다.

취임식 때는 성경을 덮거나 펴 놓는데, 지금까지 가장 많이 펼쳐진 구절은 시편(9차례)이다. 특히 '여호와를 자기 하나님으로 삼은 나라 곧 하나님의 기업으로 선택된 백성은 복이 있도다.' 라는 시편 33편 12절이 가장 많이 펼쳐졌다.

한편 이번 취임식에서 축도자로 선정됐던 루이 기글리오 목사가 과거 반(反)동성애 발언으로 구설수에 오르자 자진 하차했다. 앞서 진보 성향 웹사이트 '싱크프로그레스'는 기글리오 목사가 1990년대 중반에 설교를 통해 동성애를 죄악으로 규정하고 기독교인의 강경 대응을 주문했다고 폭로했다.

취임식 준비위원회는 "기글리오 목사의 과거 설교 내용을 몰랐다"면서 "다른 사람이 축도를 하게 될 것"이라고 밝혔다. 오바마 1기 취임식 때도 축도를 맡은 릭 워런 목사가 동성애 반대 입장 때문에 논란에 휩싸인 바 있다.

여기에 더 놀라운 사실은 취임식에서 축시를 낭독한 시인이

여호와를 자기
하나님으로
삼은 나라
곧 하나님의
기업으로
선택된 백성은
복이 있도다

시 33:12

동성애자라는 사실이다.

소돔이라는 말의 의미는 동성애자, 즉 호모라는 뜻이다. 하나님께서 제일 싫어하시는 행위가 바로 호모 행위다. 하나님은 호모가 성행하자 소돔과 고모라 성을 불로써 심판하셨다. 미국이 호모를 높이고 하나님 말씀을 지키는 사람들을 낮추면 하나님께서 기뻐하시지 않을 것이다. 오바마 정부는 머지않아 베리칩을 시행한다. 베리칩이 짐승의 표라는 보수신학자들의 항의에도 미국은 시행을 할 예정이다. 그리고 오바마 대통령은 국제종교라는 개념으로 종교다원주의자들을 높이고 있다. 또한 예수그리스도가 유일한 구원이라는 믿음을 가진 신앙인들을 광신도쯤으로 여기는 법령들이 나오고 있다.

링컨이 가장 사랑했던 구절인 시편 33편 12절의 말씀이 이제는 버려질 지도 모른다는 우려가 많다. 미국이 과연 어디로 가고 있는가에 대해 심각하게 우려하고 있는 신도들이 미국 내에서도 많이 생기고 있다. 그러나 걱정할 것은 없다. 역사를 주관하시는 분은 하나님이시고 하나님의 계획대로 진행되고 있으며, 우리는 이에 맞춰 마지막 때의 신앙의 고삐를 놓지 말고, 항상 깨어있도록 기도할 뿐이다. 오늘도 조용히 "주여 우리를 선히 인도하여 주시옵소서." 하고 기도해 본다.

음주를 어떻게 볼 것인가

　며칠 전 영업부 지점에서 2개월 된 신입사원을 다른 직원으로 교체해 달라는 요청이 들어왔다. 영업사원으로서 자질이 부족하고 성격도 꽉 막혀 있어 도저히 영업직을 가르쳐 일하기에 부족하다는 이야기였다. 그 사유를 자세히 더 들어보았다. 그 직원은 회식 때 술을 전혀 먹지 않고 조용하게만 있어 직원들과 소통이 되지 않는다는 것이었다. 그래서 대화가 안 된다고 한다. 게다가 영업실적도 약한 편이라고 한다.

　하지만 소속 임원이 그 직원과 자세히 면담을 하고 와서 내게 보고하는 내용은 이미 들었던 내용과 많이 달랐다.

　목사의 아들인 그 신입사원은 나름 실력도 있고 성실한 직원인데 오직 술만 안 먹는다는 것이다. 마케팅 부서로 옮겨서 근무를 시켜 보고 그래도 안 되면 그 때 다시 의논을 하자는 보고에

마케팅 부서로 발령을 내주었다.

아직도 사회에서는 술을 전혀 마시지 못하는 것이 그렇게도 사회생활에 지장을 주는 분위기인가 하는 생각을 해 보았다.

돌이켜보니 몇 년 전 비슷한 경우가 있었다.

어느 철저한 기독 청년이 회식 자리마다 사이다를 시키고 술잔에 따르면서 "저는 술을 마시지 못하지만 이 사이다를 소주로 생각하고 함께 즐겁게 마시도록 하겠습니다."라는 말로 분위기가 어색하지 않도록 맞춰 가는 것을 본 적이 있다. 그런데 그 신입사원은 약사라 그렇게 하는 것이 가능하다고 한 직원이 이야기했다.

지금은 해외 지사에서 지사장으로 잘 근무하고 있는데 요즘은 딱 한 잔은 하고 그 다음부터 사이다를 마신다고 한다. 책임자가 되니 달라졌다고 생각했는데, 그보다는 술에 대한 이해가 좀 바뀐 모양이었다.

성경에는 술에 취하지 말라고 했지, 술이 아주 나쁘고 절대 가까이 하면 안된다는 구절은 없다. 그러나 대부분의 기독교인 정체성은 '술을 마시지 않는 것'으로 정의돼 있다. 이것은 술 취하지 말라고 했으니 일면 맞지만 가볍게 한 잔 정도 하는 것 까지 비난을 하기에는 좀 무리라는 생각을 해 봤다. 정직하고 성실하게 일하는 기독교인의 삶의 모습을 보여주지 않고 단지 '술만 마시지 않겠다.'는 기독교인은 오히려 조롱거리가 될 수도 있기 때문이다.

어느 모임에서인가 '나는 장로인데도 이렇게 주당입니다'라며 연거푸 술잔을 비우는 사람을 보면서 매우 혐오감을 느낀 적이 있었다. 술이 기독교인의 정체성의 전부는 아닐 지라도 술에 취해 추태를 부리는 것은 정말 부끄러운 일이다.

기독교인은 남보다 일 잘하고 성실하여 모범이 되지 않으면 절대로 전도를 할 수 없다는 생각이다. '술 안 마시는 것보다 신앙과 성품이 좋아야 기독교인'이라는 한 직원의 이야기가 생각난다.

나는 제약회사 영업사원 시절, 이 술 문제로 고민을 많이 했다. 군에 있을 때까지는 장교로 근무하여 술을 마시지 않을 수 있었지만 말단 영업사원이던 시절엔 안 마실 수가 없어서 마시는 척 하는 기술, 몰래 바닥에 그릇을 놓고 술을 버리는 기술도 연마했다. 물론 어떤 때에는 꼼짝없이 마실 수밖에 없을 때도 있었다. 그럼에도 정신은 항상 또렷하게 차리고 있었다.

이제 회사를 운영하는 오너로 술을 마시지 않아도 되는 위치에 와 있지만 기독 젊은이들의 고민이 실감이 난다. 그러나 요즘

은 핑계거리가 많다. 운전을 해야 된다든지 하는 말로 얼마든지 먹지 않을 수 있다. 술을 먹어야 영업을 잘 한다는 말도 옛날 얘기다. 본인이 스스로 무너져 심하게 음주하는 것은 하나님 앞에 부끄러운 일이다.

술이나 음식이 문제가 아니라 기독교인의 정체성이 예수님께 가 있고 전적으로 하나님만 의지한다면 술 문제는 그리 어렵지 않게 해결된다. 술을 보면 싫어지고 몸이 받아 주지 못하는 때가 온다. 슬기롭게 세상을 이겨 나가는 지혜를 배워야 한다. 꽉 막힌 사람이란 이야기를 들으면 사회에 적응을 못한다.

그런 사람은 아무도 반기지 않는다. 남과 소통하며 그리스도의 향기를 낼 수 있는 노력을 해야 한다.

힘든 일이지만 노력한다면 새내기 기독교인이 주인이 될 때가 온다. 그리고 가정, 자식들의 본보기가 될 때가 온다.

새 출발을 하는 기독 청년들에게 '파이팅!'을 외쳐 주고 싶다. 사랑의 예수님께서 그 행위를 예쁘게 보시고 잘 돌보아 주실 것이라 믿는다.

베리칩 특강 논란

원로 목사님들을 모신 한 모임에서 근래 논란이 되고 있는 베리칩과 성경에서 말하는 짐승의 표에 대한 의견을 자유롭게 나누는 기회를 가졌다.

함께 대화한 목사님 대부분이 보수신앙을 가진 분들이라 미국에서 시행될 베리칩이 짐승의 표인 666이라고 한국교회가 단정하기엔 아직 이르다는 의견이 대부분이었다.

그러나 몇 분은 충분히 가능성은 있다고 말씀하셨다. 그렇다면 우리가 이를 주장하는 저서 '마지막 신호'의 저자인 데이비드차를 직접 초청해 그의 강의내용을 들어보고 다시 토론하자는의견이 나왔다.

시간이 걸리긴 했지만 데이비드 차를 초청할 수 있었고 3시간에 걸친 그의 강의를 모두들 진지하게 들었다. 그리고 자유롭게

질의 응답하는 기회를 가졌다.

이날 강의를 시작한 젊은 선교사 데이비드 차의 표정은 긴장한 모습이 역력했다. 그리고 왜 자신이 이 일을 시작했는지 책을 쓴 경위부터 차분하게 간증을 이어갔다.

본인은 자신의 길이 아니었고 이 길을 걸을 생각도 하지 못했으나, 하나님의 강권에 의해서 시작했다고 강조했다. 성령이 본인에게 직접적으로 어떻게 역사하셨는지를 구체적으로 설명했다. 그리고 자신에게 말씀하시는 성령의 직접적인 계시를 소상하게 강조했고, 현재 교회에 출석하는 것만으로는 천국에 갈 수 없다고 피력했다. 하나님을 만나지 않는 신앙생활은 말세를 이겨낼 수 없고, 종교인은 되어도 신앙인은 될 수 없다고 확언하며 요즘 교회들의 역할에 대해 일부 부정적인 의견을 제시하기도 했다.

그는 또 하나님의 일을 위해 목숨을 내놓는 군병들이 젊은이들 가운데 나오기를 기대한다고 역설하고, 종교다원주의 사상은 하나님 편이 아니라고 했다. 한국에서 열리는 WCC 총회는 하나님의 축복을 받은 한국인들이 하나님을 배반하는 것이라고 자신의 입장을 강하게 피력했다.

이 말을 듣는 원로목사님들의 표정을 살펴보니 어떤 분은 눈을 감은 채 붉어진 얼굴이었고, 어떤 분은 얼굴이 새하얗게 되셨다. 심각한 표정, 언짢은 표정, 긍정하는 표정 등 각양의 모습을 볼 수 있었다. 그리고 본인이 하나님으로부터 직접 받았다는 계시를 이야기할 때에는 이를 수긍하지 않는 분도 계셨다.

강의가 끝나고 질의 시간이 되자 보수신학자라고 자타가 인정하는 교수님이 질문성 항의를 하셨다. 직접 받은 계시나 방언 등의 이야기는 하지 않는 것이 본론의 중요성을 강조하기 위해 필요하다는 제언과 함께, 이런 이적은 사도행전에서 이미 끝났다고 언성을 높이셨다. 그러자 앞에 계셨던 한 목사님이 성령 체험을 해보지 않은 사람은 강하게 이야기 하지 말라고 강변하셨다.

분위기가 이상해졌다. 성령과 방언, 예언, 신유 등의 문제는 지금도 교계의 신학적 견해 차이가 크다는 것을 실감할 수 있었다.

이와 함께 이런 주장을 하는 이 젊은 선교사가 갈 길이 험하고 힘들고, 넘어야 할 산이 많다는 것을 느꼈다.

나는 그 청년에게 나직하게 권면했다. 하나님이 주신 것이 확실하고 그것을 믿는다면 주위의 어떤 이야기에도 굽히지 말고 소신껏 밀고 나가야 하나님이 기뻐하실 것이라고 말했다.

강의가 끝나고 저서를 판매할 때 목사님들 거의 전원이 저서를 구입해 가시는 것을 보고 참 관심들이 많으시구나 하는 것을 느꼈다.

다음 날, 나는 목사님들이 어떻게 느끼셨는지 궁금해 몇 분께 전화로 여쭤 보았다.

한 목사님은 '선교사가 이야기하는 성령의 직접 계시도 인정하고 베리칩, WCC 문제 등은 완전히 동의하는데 직접 계시와 은사 문제는 가급적 이야기하지 않는 것이 큰일을 위해 반드시 필요하다' 는 의견을 주셨다.

또 한 원로는 '미국의 보수교단에서 베리칩이 666, 짐승의 표라고 단정할 수 없다는 견해를 밝혔는데 한국 보수교단이 이를 정면 부인해 베리칩을 짐승의 표라고 결의하는 것은 무리' 라고 이야기했다. 그러나 베리칩과 프리메이슨의 존재, 그리고 예수 그리스도만이 유일하신 구원의 길이라는 점에 대해서는 동의하는 입장이라고 하셨다.

앞으로 한국 교회가 이 점들에 어떻게 대처할지 지켜봐야 할 것이다. 베리칩이 곧 한국에서도 시행될 것이라 예상된다.

우선 애완견부터 이미 시작됐다. 그때 교회가 베리칩을 생활에 관한 문제이니 '가이샤의 것은 가이샤에게' 라는 결론이 나면 모든 교인들은 짐승의 표를 받는 데에 주저하지 않을 것이다. 이것을 받지 않는 것은 죽음보다 더 큰 고통이 따를 것이다.

그러나 나에게 묻는다면 나는 베리칩은 기술이 좀 발달되어 형태가 바뀌더라도 분명한 짐승의 표라고 생각되기에 결코 받지 않겠다고 다짐한다. 그리고 세계 종교 단일화와 예수 이외에도 구원이 있다는 다원주의는 사탄의 유혹이라는 나의 결론에는 변함이 없다.

그리고 내 평생 나를 잘 인도하셨던 주님을 어떻게 배반할 수 있냐며 스스로 사형대에 오른 어느 성인의 이야기를 떠올려 본다.

이제 교인은 목사님의 신학적 판단이 틀리다고 밖으로 나가면, 베리칩을 신학적으로 활용하는 더 큰 이단이 함정을 파고 있다.

우리는 영적 분별력을 주십사는 기도를 드리고 스스로 깨어있어야 할 것이다. 참으로 마지막 때는 신앙을 지키고, 유지하고, 전하기에 정말 힘든 때이다.

주님이 주시는 진리의 지혜와 원하시는 바른 삶이 이어지길 기도한다.

출장길에 생각해 본 기업과 종교

  내가 대표로 있는 한국유나이티드제약은 베트남에 공장이 있다. 그래서 현지 종업원도 많고 제품도 현지서 판매하기에 자주 출장길에 오른다. 며칠 전 베트남의 대학과 고등학생들에게 장학금을 전달키로 하고 이를 위한 결연식을 겸해 현지를 방문했다.

  베트남에서 제법 자리 잡은 기업이 되었고, 무엇보다 '홈타민'이라는 브랜드가 현지 유명 브랜드 중 하나가 되니 당연히 사회공헌을 해야 한다고 생각했다. 여기에다 사회에 도움을 주는 좋은 기업이라는 이미지를 형성하는 것도 경영자로서 감안해야 할 부분이기 때문이다.

  베트남은 지난 2년간 경제가 어려웠다. 조그만 기업부터 큰 기업까지 많이 도산하고 이로 인해 젊은이들이 일자리를 많이 잃었다. 그러다보니 요즘은 오토바이를 타고 가방을 날치기하거나 휴대전화를 강탈해가는 범죄가 증가하고 있다고 한다. 직장이 없고 생활이 안 되니 생계형 범죄가 급증하고 있는 것이다.

베트남 거래선의 사장과 이 문제를 이야기했더니 올해부터는 나아질 것이라고 전망했다. 삼성전자가 휴대전화 공장을 증설하고 한국 대기업들과 일본 기업들도 계속 들어온다고 한다. 그는 '일자리가 늘고 경기가 살아나면 범죄율이 줄어들 것'이라고 희망적으로 말했다.

기업이 들어오면 젊은이에게 일을 가르치고 꿈을 주며 가정을 이루게 해 자녀들을 낳게 하고 범죄를 줄여준다는 그의 생각은 정말 중요하다.

그들은 한국 기업이냐 미국 기업이냐를 떠나, 직장을 주고 월급을 준다는 것이 중요하다는 생각을 갖고 있다. 월남전에서 한국과 전쟁을 했던 기억은 전혀 발견치 못했다. 우리가 전쟁 중 얼마나 많은 상처를 주었는지 생각한다면 그들은 우리를 적대시할 텐데 하는 생각도 들었다. 그런데 전혀 그러지 않은 것을 보면 기업은 치유의 기능도 갖고 있다는 생각도 든다.

내가 베트남에서 또 하나 놀란 것은 새 아파트가 생기면 그 앞에 반드시 한국인 교회의 간판이 보인다는 것이다. 한국인이 그곳에 가면 우선 교회가 생기고 복음이 전해진다는 사실이 새롭게 느껴졌다. 기업이 세계로 가면 그곳에는 복음이 들어간다. 기업이 복음 전파의 중요 기관이 됐다.

그러나 요즘 한국 기업의 왕성한 활동이 조금 주춤해진 느낌이다. 일본 기업이 엔저의 여파로 활기를 되찾 아가고 한국 기업은 왠지 위축되어가는 것을 경영자들 이야기에서 느낄 수 있었다.

그저 '현상 유지만 하자'는 생각을 갖고 있는 사장들이 많다. '경제 민주화', '반 기업 정서'라는 단어가 '열심히 뛰는 것을 당연시하던 풍토'에서, '성장보다는 안정적 경영을 추구하고 잠시 쉬어가고, 성장보다는 웅크리는 마음'이 많다고 한다.

세계 기업들의 경쟁은 무척 치열하다. 인도, 중국, 말레이시아 등 개발도상국들의 추격이 심하고 선진국들과의 경쟁도 매우 심해 조금의 한눈을 팔 시간과 여유가 없는 때다. 다시 한 번 신바람 나게 경영에 전념케 할 방법을 찾아보고 싶다. '다시 힘내서 달려갑시다.'라는 희망의 바람을 일으켰으면 한다.

무엇보다 국민의 따뜻한 응원의 마음이 필요한 때다. 그래야 복지와 치안 문제도 자동적으로 해결되지 않겠나 하는 생각도 가져 본다.

기업가는 돈만 버는 것이 목적의 전부라는 생각을 갖고 있다면 큰일이다. 돈을 벌고 나면 그 다음 목표와 희망이 사라져 버린다.

나는 크리스천 기업인으로써 '기업을 통해 하나님이 우리에게 원하시는 뜻을 이루어 나가야 한다.'는 중요한 희망이 기업을 이끌어 가는 이유가 되어야 한다고 생각한다.

이것이 우리 기독 실업인이 가져야 할 기본 정신이라고 생각된다. 이 정신이 바로 청지기 정신이 아닐까 싶다. 하나님께서 기뻐하시는 일을 이루시기 위해 나에게 재물과 능력을 주셨고 나는 이 일을 통해 하나님을 기쁘게 할 일을 찾아 살겠다는 청교도 정신이 우리에게 필요한 때이다.

이 일이 빛과 소금의 역할을 강조하신 예수 그리스도 말씀을 지켜가는 길이기도 하다. 이것을 발견하고 실천할 때 새로운 희망이 생기고 용기가 생기며 기업을 해야 할 이유가 생긴다는 사실을 한국으로 돌아오는 비행기 안에서 조용히 생각을 해 보았다.

우리가 대장장이로 일하든 농부로 일하든 직장인으로 일하든 성직자와 똑같이 하나님의 일을 하고 있다는 청교도들의 신앙관을 생각해 보면서, 아무리 힘든 일일 지라도 '그리스도를 위하여'라고 다짐해 보는 하루가 되기를 기도한다.

1% 가능성에 도전하라

다국적 제약기업
한국유나이티드 강덕영 대표의 성공철학

전국서점 판매중

상상예찬 | 강덕영 지음 | 248쪽 | 값 12,000원

**노력만큼 어려운 것은 없다.
그러나 그것만큼 쉬운 것도 없다!
오롯이 한길을 걸어오며,
몸으로 직접 깨달은 살아있는
삶의 철학**

말의 무게가 다르다. 가지각색의 인생론과 처세술, 그리고 성공론 가운데 경험으로 빚은 이야기의 무게감이 여실히 느껴진다. 선진국의 거대기업들이 포진해있는 제약업계에 맨몸으로 부딪쳐 연매출 1,000억 원대를 이룬 한국유나이티드제약, 한국인이 주인인 다국적기업을 꿈꾸며 하나하나 성실의 벽돌을 쌓아올린 CEO 강덕영의 'In Spite Of' 론이 펼쳐진다.

돈이 없다? 인맥이 없다? 힘이 없다? 용기가 없다? 세상이 불공평하다고 느끼는가. 당신에게 필요한 건, "1% 가능성에 도전하는 열정과 정신력이다."

'Because Of'의 삶 vs. 'In Spite Of'의 삶
어떤 삶을 선택하겠는가?

'함께'를 상실한 세상, 열정을 잃어버린 세대에 묻는다.
현대는 전진하기가 두려워 변명을 늘어놓는 청춘들,
한번 실패한 경험으로 좌절해버린 나약한 직장인들로 넘쳐난다.
삶 가운데 닥쳐오는 수많은 어려움과 문제들.
'그렇기 때문에' 주저앉을 것인가,
'그럼에도 불구하고' 전진할 것인가.
선택은 스스로의 몫이다.